Adultérios

Livros do autor na Coleção **L&PM** POCKET

Adultérios
Cuca fundida
Que loucura!
Sem Plumas

Woody Allen

Adultérios

Tradução de Cássia Zanon

www.lpm.com.br
L&PM POCKET

Coleção **L&PM** POCKET, vol. 647

Texto de acordo com a nova ortografia.

Título original: *Three one-act plays*

Primeira edição na Coleção **L&PM** POCKET: outubro de 2007
Esta reimpressão: agosto de 2013

Tradução: Cássia Zanon
Foto da capa: Foto do autor de Philippe Halsman (Magnum Photos)
Revisão: Bianca Pasqualini

CIP-Brasil. Catalogação na Fonte
Sindicato Nacional dos Editores de Livros, RJ

A428a Allen, Woody, 1935-
Adultérios / Woody Allen; tradução Cássia Zanon. – Porto Alegre, RS: L&PM, 2013.
208 p. : 18 cm (L&PM POCKET; v. 647)

Tradução de: *Three one-act plays*
Conteúdo: Bloqueio Criativo – Riverside Drive – Old Saybrook – Central Park West
ISBN 978-85-254-1696-4

1. Adultério - Teatro. 2. Teatro americano (Literatura). I. Zanon, Cássia, 1974-. II. Título. III. Série.

07-3373. CDD: 812
CDU: 821.111(73)-2

Rua Comendador Coruja, 314, loja 9 – Floresta – 90220-180
Porto Alegre – RS – Brasil / Fone: 51.3225.5777 – Fax: 51.3221.5380

Pedidos & Depto. comercial: vendas@lpm.com.br
Fale conosco: info@lpm.com.br
www.lpm.com.br

Impresso no Brasil
Inverno de 2013

Sumário

Bloqueio criativo

RIVERSIDE DRIVE

A cortina sobe num dia cinzento em Nova York. Pode haver até um pouco de nevoeiro. O ambiente sugere um ponto isolado próximo das margens do rio Hudson, onde as pessoas podem se apoiar sobre o parapeito, observar os barcos e ver a praia de New Jersey. Provavelmente entre as ruas 70 e 80 Oeste.

Jim Swain, escritor, com idade entre quarenta e cinquenta anos, está esperando nervoso, conferindo o relógio, andando de um lado para o outro, tentando ligar para um número no celular, sem resposta. Está claramente esperando por alguém.

Esfrega as mãos, confere se está chovendo e talvez puxe a gola do casaco um pouco para cima ao sentir ao menos uma névoa úmida.

Em seguida, um homem grande, sem-teto, com barba por fazer, um morador de rua mais ou menos da idade de Jim, passa meio que de olho nele. Seu nome é Fred.

Fred acaba se aproximando de Jim, que está cada vez mais consciente da presença dele e que, embora não esteja exatamente com medo, fica desconfiado por estar numa região erma com um sujeito grande e mal-encarado. Acrescente-se a isso o fato de Jim querer que seu encontro com quem quer que ele esteja esperando seja muito em particular. Afinal, Fred puxa conversa.

FRED

Que dia chuvoso.

(Jim assente, concordando mas sem querer encorajar a conversa.)

Uma garoa.

(Jim assente com um sorriso forçado.)

Ou seria garina – garoa e neblina.

JIM
Hum.

FRED
(Pausa.)
Olhe como a correnteza está rápida. Se jogar o boné no rio, ele estará em mar aberto dentro de vinte minutos.

JIM
(Com má vontade, mas educado.)
Anrã...

FRED
(Pausa.)
O rio Hudson percorre quinhentos quilômetros, começando nos Adirondacks e finalmente desembocando no vasto oceano Atlântico.

JIM
Interessante.

FRED
Não, não é. Já se perguntou como seria se a correnteza fosse no sentido contrário?

JIM
Na verdade, não.

FRED
Um caos... o mundo estaria fora de sincronia. Se atirasse o boné na água, ele seria carregado até Poughkeepsie em vez de ir para o mar.

JIM
Sim... bem...

FRED
Já esteve em Poughkeepsie?

JIM
O quê?

FRED
Já esteve em Poughkeepsie?

JIM
Eu?

FRED
(Olha em volta; estão sozinhos.)
Quem mais?

JIM
Por que a pergunta?

FRED
É uma pergunta simples.

JIM
Se eu estive em Poughkeepsie?

FRED
Esteve?

JIM
(Pensa na pergunta e resolve responder.)
Não, não estive. Está bem?

FRED
Se não esteve, por que se sente tão culpado?

JIM
Olhe aqui, estou um pouco preocupado.

FRED
Você não vem sempre aqui, vem?

JIM
Por quê?

FRED
Interessante.

JIM
O que você quer? Você vai me achacar para tomar uma dose? Aqui, pegue um dólar.

FRED
Ei... eu só perguntei se você vem sempre aqui.

JIM
(Ficando impaciente.)
Não. Vou me encontrar com uma pessoa. Estou com muita coisa na cabeça.

FRED
Que dia você escolheu.

JIM
Eu não sabia que estaria tão horrível assim.

FRED
Você não vê a previsão do tempo na tevê? Meu Deus, parece que só sabem falar do maldito tempo. Você realmente se importa, na Riverside Drive, se está ventando no Vale dos Apalaches? Quer dizer, por Deus, dá um tempo.

JIM
Bem, foi bom falar com você.

FRED
Olhe... mal dá para ver New Jersey... a neblina está muito forte.

JIM
Tudo bem. Não se perde nada...

FRED
Certo. Eu também não gosto disso, tanto quanto você.

JIM
Na verdade, estou brincando... estou sendo...

FRED
Frívolo?... Impertinente?

JIM
Levemente sarcástico.

FRED
É compreensível.

JIM
É?

FRED
Sabendo o que eu penso sobre Montclair.

JIM
Como eu saberia o que você pensa sobre Montclair?

FRED
Não vou sequer me dar o trabalho de comentar isso.

JIM
Ãhn... é... bem... eu gostaria de voltar aos meus pensamentos. (*Olha para o relógio.*)

FRED
Que horas ela deve chegar?

JIM
Do que você está falando? Por favor, me deixe em paz.

FRED
É um país livre. Posso ficar aqui olhando para New Jersey, se quiser.

JIM
Ótimo. Mas não converse comigo.

FRED
Não responda.

JIM
(Pega o telefone celular.)
Ei, olhe só, você quer que eu chame a polícia?

FRED
Para dizer o que a eles?

JIM
Que você está me perturbando... mendicância agressiva.

FRED

Imagine se eu pegasse esse telefone celular e o atirasse no rio. Em vinte minutos, ele seria levado até o Atlântico. Claro, se a corrente fosse no sentindo inverso, o celular acabaria em Poughkeepsie. Poughkeepsie, ou seria Tarrytown?

JIM

(Um pouco assustado e irritado.)

Eu estive em Tarrytown, antes que você pergunte.

FRED

Onde você ficou lá?

JIM

Em Pocantico Hills. Eu morava lá. Algum problema?

FRED

Agora eles chamam aquilo lá de Sleepy Hollow*... soa melhor para os turistas.

JIM

Anrã.

FRED

Aproveitando toda aquela bobagem de Ichabod Crane. Rip Van Winkle. É tudo uma questão de embalagem.

JIM

Olhe só... eu estava profundamente concentrado...

FRED

Ei... estamos falando de literatura. Você é escritor.

JIM

Como sabe disso?

---

* "The Legend of Sleepy Hollow": nome do conto do escritor norte-americano Washington Irving (1783-1859), também traduzido como "A lenda do cavaleiro sem cabeça". Ichabod Crane é um dos personagens. Irving também é criador de Rip Van Winkle, célebre protagonista do conto de mesmo nome. (N.E.)

FRED
Qual é? Eu sei.

JIM
Vai me dizer que percebeu por causa da minha fantasia?

FRED
Você está fantasiado?

JIM
São o paletó de *tweed* e as calças de veludo cotelê, certo?

FRED
Jean-Paul Sartre disse que depois dos trinta anos de idade um homem é responsável pelo próprio rosto.

JIM
Foi Camus quem disse isso.

FRED
Foi Sartre.

JIM
Foi Camus. Sartre disse que um homem assume as características da sua profissão... um garçom vai gradualmente começar a caminhar feito um garçom... um caixa de banco vai gesticular feito um caixa de banco... porque querem ser promovidos a alguma coisa.

FRED
Mas você não é uma coisa.

JIM
Tento não ser.

FRED
Pois é seguro ser uma coisa... as coisas não morrem. Como *O Muro*... os homens sendo executados querem se tornar um só com o muro diante do qual são colocados... querem se solidificar, permanecer, resistir. Em outras palavras, viver, estarem vivos.

JIM
(Pensa... então.)
Adoraria discutir isso com você alguma outra hora.

FRED
Ótimo. Quando?

JIM
Neste momento estou um pouco ocupado...

FRED
Bem, quando, então? Quer almoçar? Estou livre a semana toda.

JIM
Eu realmente não sei.

FRED
Escrevi uma coisa engraçada baseada em Irving.

JIM
Que Irving?

FRED
Washington Irving... lembra? Falamos de Ichabod Crane.

JIM
Não sabia que tínhamos voltado a isso.

FRED
O cavaleiro sem cabeça é condenado a cavalgar pelo campo segurando a própria cabeça debaixo do braço. Era um soldado alemão, morto na guerra.

JIM
Um hessiano.

FRED
Então ele vai até uma drogaria 24 horas, e a cabeça diz "Estou com uma dor de cabeça terrível", e o farmacêutico diz "Aqui, tome dois desses Excedrin extrafortes", e o corpo paga pelo remédio e ajuda a cabeça a tomar dois comprimidos. Então cortamos para os dois mais tarde da noite, atravessando uma

ponte, e a cabeça diz “Estou me sentindo muito bem... a dor de cabeça desapareceu... sou um novo homem”, e então o corpo começa a ficar triste e pensa no quanto é azarado porque, quando tem dor nas costas, não consegue encontrar alívio, já que não está ligado à cabeça...

JIM
Como o corpo é capaz de pensar em alguma coisa?

FRED
Ninguém vai perguntar isso.

JIM
Por que não? É uma pergunta óbvia.

FRED
É por isso. É por isso que você é bom em estruturação e diálogo, mas não tem inspiração. É por isso que precisa de mim. Embora tenha sido uma atitude bem desprezível.

JIM
Que atitude? Do que você está falando?

FRED
Estou falando de dinheiro... de algum tipo de pagamento e ser creditado de alguma maneira.

JIM
Olhe só, estou esperando uma pessoa.

FRED
Eu sei, eu sei, ela está atrasada.

JIM
Você não sabe nada, cuide da sua própria vida.

FRED
Tudo bem... você vai se encontrar com uma mina... quer ficar sozinho? Vamos resolver a questão de negócios, e eu caio fora.

JIM
Que questão de negócios?

FRED
Daqui a pouco você vai me dizer que essa coisa toda está muito kafkiana.

JIM
É pior do que kafkiana.

FRED
É mesmo? É... pós-moderna?

JIM
O que você quer?

FRED
Um percentual e ser creditado no seu filme. Sei que é tarde demais para ser creditado nas cópias que já foram distribuídas, mas eu deveria receber *royalties* e parte dos lucros sobre elas e ter o meu nome em todas as cópias seguintes. Não precisa ser cinquenta por cento, mas algo justo.

JIM
Você está maluco? Por que eu tenho que lhe dar alguma coisa?

FRED
Porque eu lhe dei a ideia.

JIM
Você me deu?

FRED
Bem... você roubou ela de mim...

JIM
Eu roubei a sua ideia?

FRED
E conseguiu vender o seu primeiro roteiro de cinema... e o filme parece um sucesso, e eu quero o que me é devido.

JIM
Eu não roubei a sua ideia.

FRED
Jim, não vamos começar com joguinhos.

JIM
Não comece você com joguinhos, e não me chame de Jim.

FRED
Tudo bem... James. Roteiro de James L. Swain... mas todo mundo chama você de Jim.

JIM
Como sabe como todo mundo me chama?

FRED
Eu vejo, eu ouço.

JIM
Onde? Do que você está falando?

FRED
Jim Swain... Central Park West com a Setenta e Oito... BMW... placas JIMBO ONE... isso é o que eu chamo de placa de vaidade... Jimmy Connors é o Jimbo One, não você... e eu vi você tentando acertar uma bola de tênis, então não tente me enganar.

JIM
Você tem me seguido?

FRED
Aquela morena que parece um ratinho... é a Lola?

JIM
A minha mulher está longe de ser parecer um rato!

FRED
Está bem, "ratinho" foi a palavra errada... ela... não parece exatamente um roedor...

JIM
Ela é uma mulher muito bonita.

FRED
Isso é uma questão muito subjetiva.

JIM
Quem diabos você pensa que é?

FRED
Mas eu jamais diria isso para ela.

JIM
Eu sou o marido dela, e a amo.

FRED
Então por que está pulando a cerca?

JIM
O quê?

FRED
Acho que sei como é a outra. É um pouco vulgar, não é?

JIM
Não existe uma outra.

FRED
Então com quem você vai se encontrar?

JIM
Não é da sua conta e, se você não cair fora, vou chamar a polícia.

FRED
É a última coisa que você vai querer fazer se tem um encontro clandestino marcado.

JIM
Como sabe que o nome da minha mulher é Lola?

FRED
Eu ouvi você chamar ela assim.

JIM
Você tem me seguido?

FRED
Eu pareço com alguém que segue os outros?

JIM
Parece.

FRED
Eu sou escritor. Pelo menos era, anos atrás. Até as minhas visões me dominarem.

JIM
Bem, a sua imaginação é criativa demais para mim.

FRED
Eu sei. Por isso você me roubou.

JIM
Eu não roubei a sua ideia.

FRED
Não apenas a minha ideia. Era uma história autobiográfica. Então, de certo modo, você roubou a minha vida.

JIM
Se há quaisquer semelhanças entre o meu filme e a sua vida, posso garantir que são coincidências.

FRED
Eu não sou do tipo de cara que processa os outros. Algumas pessoas têm inclinação para o litígio.
(Com alguma sugestão de ameaça.)
Prefiro fechar acordos entre as partes.

JIM
Como eu roubei a sua ideia?

FRED
Você me ouviu contando o enredo.

JIM
Para quem? Onde?

FRED
No Central Park.

JIM
Eu ouvi você no Central Park?

FRED
Isso mesmo.

JIM
Contando para quem? Quando?

FRED
Para o John.

JIM
Quem?

FRED
O John.

JIM
Que John?

FRED
O Big John.

JIM
Quem?

FRED
O Big John.

JIM
Quem diabos é o Big John?

FRED
Não sei... é um sem-teto. Era. Ouvi dizer que cortaram a garganta dele num abrigo.

JIM
Você contou uma história para um sem-teto e está dizendo que eu ouvi você?

FRED
E usou a história.

JIM
Eu nunca vi você na minha vida.

FRED

Meu Deus, eu venho seguindo você há meses.

JIM

Me seguindo?

FRED

E sei tudo a seu respeito, mas você nunca sequer me notou. E eu não sou um cara pequeno. Sou grande. Poderia até partir seu pescoço em dois com uma mão só.

JIM

(Nervoso.)

Olhe só... quem quer que você seja, eu juro...

FRED

Meu nome é Fred. Fred Savage. Bom nome para um escritor, né? Para Melhor Roteiro Original, o envelope, por favor... e os vencedores são Frederick R. Savage e James L. Swain, por *A Jornada*.

JIM

Eu escrevi *A Jornada*. E a ideia foi minha.

FRED

Jim, você me ouviu contando a história para o John Kelly. Pobre John. Ele estava caminhando pela Avenida York, onde estavam içando um piano. A corda arrebentou e... meu Deus, foi horrível...

JIM

Você disse que ele tinha sido esfaqueado num abrigo.

FRED

Coerência é o fantasma das mentes pequenas.

JIM

Olhe aqui, Fred... eu nunca roubei nenhuma ideia de ninguém. Em primeiro lugar, não preciso disso, porque tenho minhas próprias ideias. Em segundo, eu não faria isso nem que a fonte secasse. Está bem?

FRED
Mas a história está toda lá. A minha crise nervosa, a camisa de força, o meu pânico de último minuto... a borracha entre os dentes, os choques elétricos... meu Deus... claro, eu fiquei meio violento...

JIM
Você é violento?

FRED
De vez em quando.

JIM
Olhe aqui, estou começando a ficar um pouco assustado.

FRED
Não se preocupe, ela vai chegar.

JIM
Por sua causa, não por causa dela. Tudo bem... se você acha que é escritor...

FRED
Eu disse que fui há anos... antes da minha crise nervosa... antes de todas aquelas coisas desagradáveis acontecerem... eu escrevia para uma agência.

JIM
Coisas desagradáveis?

FRED
É muito mórbido. Não quero reviver nada daquilo.

JIM
Que tipo de agência?

FRED
Uma agência de propaganda. Eu escrevia comerciais. Como aquela ideia para o Excedrin extraforte. Não pegou. Nós fizemos um teste com ela, mas simplesmente não pegou. Cartesiana demais.

JIM
E você... pirou.

FRED
Não por causa disso. E daí que a minha ideia foi rejeitada? Aqueles filisteus de ternos cinza... Não. Meu problema teve origem em outras fontes.

JIM
Tipo o quê?

FRED
Tipo grupelhos que se juntaram para formar uma rede conspiratória... uma rede dedicada à minha destruição, minha humilhação, a me derrotar física e mentalmente. Uma rede tão vasta e tão complexa que até hoje emprega agentes secretos em organizações tão diferentes como a CIA e o submundo cubano. Forças tão malévolas que me custaram o meu emprego, o meu casamento, e a pequena poupança que eu ainda tinha. Eles me seguiram, grampearam meu telefone e se comunicaram por código com meu psiquiatra, mandando sinais elétricos do topo do Empire State Building, através do meu ouvido interno, diretamente até o bote de borracha dele em Martha's Vineyard. Então pode parar com as suas malditas histórias tocantes e me trate feito homem!

JIM
Estou assustado, Fred... preciso dizer, honestamente. Quero fazer algo por você...

FRED
Então faça. Não há por que ter medo. Não estou tanto tempo sem medicação a ponto de perder o controle... pelo menos acho que não...

JIM
O que você toma?

FRED
Vários compostos antipsicóticos.

JIM
Um coquetel.

FRED
Só que não vem numa taça de cristal.

JIM
Mas você não pode simplesmente parar de tomar essas coisas...

FRED
Eu estou bem, eu estou bem. Não comece a me acusar como os outros.

JIM
Não, eu não estou...

FRED
Vamos falar abertamente.

JIM
Eu pretendia provar para você de maneira lógica como eu não poderia ter roubado a sua ideia...

FRED
A minha vida, a minha vida... você roubou a minha vida.

JIM
A sua vida... a sua autobiografia, o que seja. Acho que posso demonstrar passo a passo...

FRED
A lógica pode ser muito enganadora. Você roubou a minha vida, roubou a minha alma.

JIM
Eu não preciso da sua vida. Eu tenho uma ótima vida própria.

FRED
Quem você pensa que é para dizer que não precisa da minha vida?

JIM
Eu não queria insultá-lo.

FRED
Olhe, eu entendo que você esteja sob pressão.

JIM
Sim, estou.

FRED
E ela está bastante atrasada... é um mau presságio.

JIM
Estou surpreso. Ela costuma ser pontual.

FRED
Ela deve ter sentido que alguma coisa está acontecendo. Eu ficaria atento, se fosse você.

JIM
Estou atento. Só quero dizer que o meu filme...

FRED
O nosso filme...

JIM
O filme... tudo bem se eu disser *o* filme? *O* filme é sobre as maldades de um hospital psiquiátrico específico que casualmente fica em New Jersey.

FRED
Já ouvi essa história antes.

JIM
Mas certamente muitas pessoas tiveram experiências semelhantes. Poderia ser tranquilamente a história delas também.

FRED
Não... não... você me ouviu contando a minha. Eu até disse ao Big John Kelly que daria um ótimo filme... principalmente a parte em que o protagonista ateia fogo.

JIM
Foi isso que aconteceu na sua vida?

FRED
Você conhece os detalhes.

JIM
Juro que não.

FRED
Eu tinha recebido instruções para incendiar vários edifícios.

JIM
Instruções de quem?

FRED
Do rádio.

JIM
Você ouvia vozes pelo rádio?

FRED
Percebo um traço de ceticismo na sua voz?

JIM
Não...

FRED
Eu nem sempre fui... qualquer que seja o termo deles...

JIM
Esquizofrênico paranoico?

FRED
O que você disse?

JIM
Eu estava tentando ajudar.

FRED
Todo mundo é tão técnico. É tudo uma questão de semântica. Costumava se chamar *dementia praecox*... na verdade, isso é mais bonito. É pior do que semântica, é cosmético. Uma garota leva o noivo em casa para apresentar aos pais e diz, família, este é o Max, ele é maníaco-depressivo. Dá para imaginar como eles reagem. Fantasias da filha querida deles se casando com um cara que na segunda-feira tenta pular do alto do Chrysler Building e na terça tenta comprar todos os itens da Bloomingdale's... Mas se você diz: este é o Max... ele é bipolar. Parece uma conquista... como um explorador... bipolar como o Almirante Byrd.
Não, Jim... eles me diagnosticaram com termos mais prosaicos.

Não doido ou maluco... não estamos falando de um show de comédia... disseram que Fred Savage é homicida... um psicopata imprevisível.

JIM
Homicida?

FRED
Você não adora rótulos?

JIM
Ahn... olhe só, Fred, consciente como é de ter problemas mentais, você pode, portanto, entender por que eu posso achar que a sua teoria, de que eu roubei a sua ideia, pode não estar baseada na realidade.

FRED
E quem pode dizer o que é real? Nós somos partículas ou raios? Tudo está expandindo ou se contraindo? Se entrarmos num buraco negro, e as leis da física forem suspensas, eu ainda precisarei de um suporte atlético?

JIM
Fred, você é evidentemente um homem culto...

FRED
Phi Beta Kappa. Universidade de Brown. Sei ler sânscrito. Sou Ph.D. em literatura. Dissertação sobre os Resultados Positivos da Tensão Triangular entre Goethe, Schopenhauer e a Mãe de Schopenhauer. Então o que eu estava fazendo numa agência de propaganda, você me pergunta? Tendo colapsos nervosos... não apenas porque os manés não conseguiram ver o brilhantismo do meu conceito para o Excedrin extraforte, mas porque eram cegos para a originalidade do meu pensamento de um modo geral. Por exemplo: oito putas estão sentadas num bordel. Um fulano aparece e as examina de cima a baixo. Finalmente, passa por todas e escolhe o porta-guarda-chuva do canto. Ele percorre o corredor com o objeto nos braços, leva-o para a cama e faz sexo apaixonado com ele. Corta para ele indo embora num

Beetle, e mostramos na tela: Volkswagem – Para o homem com um gosto especial. Meu Deus, como eles odiaram.
A essa altura eu entrava e saía de hospitais psiquiátricos como se tivesse um ingresso para o campeonato. E quando perdi o emprego, a minha namorada, Henrietta, que acho que só me aguentava porque ela própria tinha um sério distúrbio que pode ser caridosamente caracterizado como masoquismo termonuclear, me deu um pé na bunda.
Sim, Jim... fiquei muito chateado. Chorei. Lágrimas salgadas desceram por estas bochechas rosadas – e, num esforço para reconquistá-la, saí atrás de uma oferta adequada com a qual pudesse diminuir seus recém-descobertos sentimentos de desprezo pela minha pessoa. Sabendo do gosto dela por joias antigas, imaginei que um alfinete antigo ou um broche vitoriano pudesse surtir efeito. Depois de escolher o perfeito num antiquário da Terceira Avenida, casualmente cruzei com um rádio muito elegante dos anos 1940, perfeito para a minha cozinha. Era de plástico vermelho... um Philco. E quando o levei para casa e o liguei, fiquei surpreso ao ouvir a voz do locutor me mandando pôr fogo exatamente na agência de propaganda para a qual eu havia trabalhado. Foi a coisa mais divertida que eu já fiz. Você está me acompanhando?

JIM
É uma história muito triste.

FRED
Eu amava aquela garota, Henrietta. E embora seu distúrbio de déficit de atenção tornasse impossível que uma conversa entre nós durasse mais de quarenta segundos, algo em nosso contato elevava a minha alma. Por isso consigo me identificar com a sua patética vida amorosa.

JIM
Minha vida amorosa está perfeitamente bem.

FRED
Jim... você está falando com seu parceiro de trabalho.

JIM
Você não é meu parceiro de trabalho.

FRED
Você precisa de um colaborador.

JIM
Eu nunca trabalhei com um colaborador na vida.

FRED
Você é bom com o feijão com arroz... mas precisa de alguém capaz de atear fogo. Sou um homem de ideias. Tudo bem, algumas podem ser um pouco de vanguarda para o público médio.

JIM
Eu tenho as minhas próprias ideias.

FRED
Se tivesse, não teria roubado a minha.

JIM
Eu não roubei.

FRED
A genialidade está nos cromossomas. Você sabia que o meu DNA brilha no escuro?

JIM
Por que você pensa que eu tenho tão pouca inspiração?

FRED
Eu acho que você é muito... profissional. É muito sólido... percebo que você faz um monte de adaptações... não originais... eu, por outro lado, sou um verdadeiro original... como Stravinsky... ou ketchup. Por isso a minha ideia foi a primeira coisa que você já fez com algum significado. Ela tinha essência... e tinha luz.

JIM
Eu a tive no banheiro.

FRED
(Virando-se para ele violentamente.)
Não me venha com essa bobagem! Eu quero a minha metade!

JIM
Pelo amor de Deus, fique calmo.

FRED
E não me diga que a sua vida amorosa está bem. Pois que diabos você está fazendo enganando a Lola?

JIM
Isso não é caso seu.

FRED
Não, é caso seu.

JIM
Eu não estou tendo um caso.

FRED
O que há de errado com a Lola?

JIM
Nada.

FRED
Apesar de parecer – como posso dizer? – um furão?

JIM
Cale a boca. Você está falando da mulher que eu amo.

FRED
O que há de errado?

JIM
Nada.

FRED
Jim.

JIM
Nada.

FRED
Jim, qualé.

JIM
Estava tudo ótimo até termos os gêmeos.

FRED
Certo... dois sósias perfeitos... um presságio sombrio.

JIM
São garotos adoráveis.

FRED
Garotos... gêmeas pelo menos dá para vestir bonitinho.

JIM
Eles são bonitinhos... eles são fofos... eles são...

FRED
Exatamente idênticos?

JIM
E daí?

FRED
E os dois têm a aparência de roedor da Lola?

JIM
Antes de eles nascerem, tínhamos um casamento perfeitamente bom.

FRED
Quem disse?

JIM
Eu estou dizendo, era bom.

FRED
Só bom? Não ótimo?

JIM
Tínhamos vários interesses em comum.

FRED
Cite dois.

JIM
Finais de semana em Connecticut e comida macrobiótica.

FRED
Estou ficando com sono.

JIM
Gostávamos de mergulhar e de conversar sobre bons livros.

FRED
Vocês falavam de livros embaixo d'água?

JIM
E ela toca piano, e eu, sax barítono.

FRED
Graças a Deus não é o contrário.

JIM
Vá em frente... tire sarro.

FRED
E a vida sexual?

JIM
Isso não é da sua conta.

FRED
Aqueles dois dentões da frente que ela tem... não machucam?

JIM
Por que você precisa ser um espertinho vulgar?

FRED
Estou tentando entender a sua situação. Com que frequência vocês fazem amor?

JIM
Com frequência. Até os gêmeos nascerem.

FRED
Eu diria que você é basicamente um homem papai e mamãe, estou certo?

JIM
(Irritado.)
Nós tivemos as nossas experiências.

FRED
O que você chama de experiência?

JIM
Por que quer saber?

FRED
Somos uma equipe.

JIM
(Irritado.)
É mesmo.
(Breve pausa.)
Fizemos um *ménage à trois* uma vez, está bem?

FRED
Quem era a outra mulher?

JIM
Era um cara.

FRED
Você é bissexual?

JIM
Eu jamais toquei nele.

FRED
De quem foi a ideia do *ménage*?

JIM
Dela.

FRED
Por que será.

JIM
Tínhamos visto isso no canal pornô uma noite.

FRED
Vocês sempre veem o canal pornô?

JIM
Claro que não. Mas às vezes dá para tirar algumas boas ideias.

FRED
Arrá: então você usa ideias de outras pessoas.

JIM
E uma vez nós transamos na casa dos pais dela durante o jantar de Ação de Graças.

FRED
Os outros convidados levantaram o olhar do peru?

JIM
Foi no banheiro!

FRED
Ah, então havia uma certa espontaneidade.

JIM
Não sei por que você pensa que eu sou um cara sem graça.

FRED
Lola teve um orgasmo?

JIM
Não vou me dignar a responder isso.

FRED
Elas são conhecidas por fingir, você sabe.

JIM
Por que cargas d'água ela iria fingir?

FRED
Para aumentar a sua autoestima. Ela não quer que você saiba que não a está satisfazendo.

JIM
Tenho total segurança na minha perícia sexual.

FRED
Você sabe o que dizem.

JIM
O quê?

FRED
Que um cão não vê o próprio rabo.

JIM
Que diabos isso quer dizer?

FRED
Talvez você pense que é melhor do que realmente é.

JIM
Isso não é verdade.

FRED
Então por que Lola fingiria?

JIM
Você disse que ela fingiu.

FRED
É essa a mensagem que estou recebendo.

JIM
Que mensagem?

FRED
Do topo do Empire State. Estou sentindo aqueles raios... aquelas descargas elétricas da grande antena do Empire State, e todos aqueles fótons estão dizendo: Lola estava fingindo o orgasmo.

JIM
Ei, olhe aqui, eu estou tentando ser racional...

FRED
E então vieram os gêmeos... David e Seth.

JIM
Carson e Django.

FRED
É sério?

JIM
Lola é muito fã de Carson McCullers...

FRED
E como vocês tocam jazz...

JIM
Ok, *não eram* nomes convencionais, e daí?

FRED
E você os ama.

JIM
Sou louco por eles. Mas Lola é louca demais por eles. De repente, tudo mudou... os gêmeos viraram o centro de tudo... ela nunca mais teve tempo para mim... para nós.

FRED
Acabaram-se as discussões submarinas sobre Proust.

JIM
O sexo diminuiu, claro.

FRED
E você começou a trair.

JIM
Sim... sim...

FRED
Hummm... isso explica muita coisa. Olhe só... ouça o meu conselho, termine tudo com a sua amante... essa história só pode causar mágoas.

JIM
Eu não preciso do seu conselho. É o que eu planejo fazer hoje. Se ela chegar.

FRED
Talvez ela esteja sentindo que você quer acabar, por isso não chega.

JIM
Ela não faz a menor ideia. Vai ficar abalada.

FRED
Ah, ótimo. Acho que vou ficar por aqui para assistir.

JIM
Por que diabos estou tendo um caso? Seis horríveis meses de restaurantes escuros, bares tristes e quartos de hotel baratos. Isso sem falar nos telefonemas furtivos, na tensão e no desprezo por mim mesmo.

FRED
O que o seu psiquiatra disse sobre disso?

JIM
Ele me disse para parar.

FRED
E você...

JIM
Eu parei... de ir ao psiquiatra.

FRED
Melhor assim, a maioria deles tem um gravador escondido.

JIM
Na noite passada, voltei para casa e vi Lola sentada no sofá, toda enrolada feito... feito...

FRED
Um minúsculo porquinho da Índia?

JIM
Eu não ia dizer isso. Como uma mulher doce e boa que foi a minha melhor amiga a vida inteira.

FRED
Você chegou a enganar essa outra? Fez promessas, disse que a amava e que deixaria a sua mulher?

JIM
Absolutamente... de jeito algum... em nenhum momento.

FRED
Não sei por quê, mas estou sentindo uma vibração que me diz que talvez você tenha feito isso.

JIM
Bobagem.

FRED
Hum, não sei não...

JIM
Ela queria que eu fosse para o Caribe com ela... por cinco dias. Eu teria que mentir para Lola e dizer que ia viajar a negócios.

FRED
E você concordou?

JIM
Não exatamente... eu disse que pensaria no assunto. Foi um momento de fraqueza. Estávamos sem roupa, eu tinha tomado três margueritas, tinha muito sal na borda dos copos, eu estou numa dieta sem sal... Então, de repente, tomei um porre de sódio.

FRED
(Dobrando os braços diante de si, imitando Lola.)
Mas quando você chegou em casa e viu a sua preciosa mulherzinha...

JIM
Exatamente... no instante em que eu deveria mentir, percebi que amava Lola apesar de todos os nossos problemas e era um idiota.

FRED
Isso pode acabar mal.

JIM
Nada vai acabar mal. Ela é adulta, e eu sou adulto.

FRED
Você disse que ela era teimosa.

JIM
Eu nunca disse nada parecido com isso.

FRED
Eu ouvi uma voz dizendo isso, *pensei* que tivesse sido a sua.

JIM
Olhe, essas coisas acontecem. As pessoas terminam casos todos os dias... não é verdade?

FRED
Então foi por isso que você escolheu um lugar tão isolado... está prevendo uma cena.

JIM
Ei, olhe aqui... por que eu estou discutindo sobre mulheres com você? Você tem uma visão distorcida de tudo.

FRED
Eu já fui casado.

JIM
Você foi casado?

FRED
Não me lembro de muita coisa... todas aquelas ondas de rádio na minha cabeça acabam com a minha memória, mas lembro que ela estava sempre discando 911.

JIM
Sabe do que mais? Veja só o que eu acho...

FRED
Diga lá.

JIM
Acho que você devia ir embora e voltar a tomar os seus remédios. Não estou brincando... se possível, megadoses... não quero você por perto quando ela chegar, consigo cuidar de tudo sozinho.

FRED
Tudo bem, ótimo. Então vamos acertar as nossas pontas e eu caio fora.

JIM
Que pontas? Nós não temos nada a acertar. Eu não roubei a sua ideia.

FRED

Talvez da próxima vez você possa compensar com um pagamento pré-acordado e crédito com destaque.

JIM

Não vai ter próxima vez. Não trabalho com colaboração. Eu trabalho sozinho. Eu... ah...
(Percebe Barbara se aproximando.)
Ah... ah... ah... ah... vá embora... vá, vá...

FRED

Você está todo branco.

JIM

Ela está chegando.

FRED

Tudo bem, não entre em pânico.

JIM

Você me deixou muito distraído.

FRED

Tudo o que eu disse foi que acho que você está prestes a ter problemas.

JIM

Por que você está dizendo isso?

FRED

O Empire State Building.

JIM

Não, vai dar tudo certo. Ensaiei o que ia dizer no chuveiro. Fiquei debaixo d'água por uma hora e meia. Sei exatamente o que vou dizer. Saia daqui!
(Agora Barbara está ali.)

BARBARA

Desculpe o atraso. Quem é esse?

JIM
Ah... não sei...
(Jim faz sinais com a cabeça, tentando mandar Fred embora.)

BARBARA
Você está com cãibra no pescoço?

JIM
(Dá dinheiro a Fred.)
Ahn... aqui está o troco que você pediu, parceiro, vá comer alguma coisa... boa sorte, amigo... rá, rá...

FRED
Fred. Fred Savage. Sou amigo do Jim.

BARBARA
Você não me disse nada...

JIM
Ele está brincando.

FRED
Sou o parceiro de trabalho dele.

BARBARA
Parceiro de trabalho?

FRED
Trabalhamos juntos no *A Jornada*... a ideia era minha... ele fez o roteiro.
(Chama.)
Entre.

BARBARA
O quê? O que está acontecendo?

FRED
Diga a ela, Jim.

BARBARA
Dizer o quê?

JIM
Fred... deixe a gente em paz.

FRED
Estou com medo que você fique de rodeios.

BARBARA
Jim, tem alguma coisa errada?

FRED
O melhor é ser direto.

JIM
Saia daqui, Fred.

FRED
Barbara, o Jim tem algo a dizer para você.

BARBARA
Sobre o quê? O que é isso?

FRED
Sobre o caso extraconjugal de vocês.

JIM
O Fred é louco... é um maluco de rua.

FRED
Diga a ela, Jim, ou então eu vou dizer.

BARBARA
O que está acontecendo aqui?

JIM
Isso não é da sua conta.

BARBARA
Eu não sabia que você tinha um parceiro de trabalho.

JIM
Eu não tenho.

FRED
Eu sou o homem das ideias, o Jim cuida da construção do roteiro e dos diálogos. Embora eu não seja ruim nos diálogos. Uma vez escrevi um ótimo slogan para aquela maravilhosa marca japonesa de ar-condicionado...

JIM
Fred...

FRED
"São bonitos, são silenciosos, são capazes de congelar a sua bunda." A empresa não topou.

JIM
Vamos a algum lugar onde possamos ficar sozinhos.

FRED
Ele não pode ir para o Caribe, Barbara... é muito ligado à mulher.

BARBARA
Jim...

FRED
Ele queria dizer à Lola, mas, quando chegou a hora de confrontá-la, o garoto perdeu a coragem.

BARBARA
Não acredito nisso.

JIM
Barbara, tente entender.

BARBARA
Isso é verdade? Está tudo acabado?

JIM
Eu não consigo, Barbara. Tomei uma decisão.

BARBARA
Num instante você está grudado em mim, fazendo planos, pensando longe...

JIM
A ideia foi sua. Eu nunca quis viajar.

BARBARA
Então você cansou de me usar e agora vai voltar para a Lola.

JIM
Eu não estava usando você. Nós dois sabíamos o que estávamos fazendo o tempo todo.

BARBARA
Você acha que pode simplesmente me manipular como um dos personagens nos seus roteiros?

JIM
Como senti que as coisas estavam esquentando e ficando pesadas demais, antes que tudo saísse completamente do controle...

BARBARA
Sinto muito, Jim... está tudo fora de controle. Eu quero falar com a Lola.

JIM
Falar com a Lola?

BARBARA
Sim. Acho que se ela ouvir de mim, vai entender o que está acontecendo.
(Faz uma pausa e olha em volta, desesperadamente.)

JIM
(Chama.)
Entre.

BARBARA
Não acredito que você ama mais a ela do que a mim. Vou me encontrar com ela e esclarecer tudo.

JIM
(Para Fred.)
Diga alguma coisa, você é meu colaborador!

FRED
Sou só o homem das ideias, você faz os diálogos.

JIM
Preciso de um conceito novo.

FRED
Olhe aqui, Barbara... posso chamar você de Barbara?

BARBARA
Não sei quem diabos é você, mas caia fora daqui.

FRED
Meu nome é Frederick R. Savage, e embora não apareça na tela ou nos produtos, fui coautor do primeiro filme de Jim, e sou também o inventor do telefone sem fio e do café instantâneo.

JIM
Fred... pelo amor de Deus!

FRED
(Chama.)
Sim? Entre.

BARBARA
Eu ouvi promessas.

JIM
Nunca... muito antes pelo contrário...

FRED
Tente compreender, Barbara... um indivíduo fraco... uma crise doméstica... um impasse sexual... de repente, uma criatura sedutora como você... claro que o rapaz é arrebatado... tem fantasias, se perde... então, uma noite, ele vê a família e é dominado por uma enxurrada de lembranças... cada poro dele é invadido por culpa... nessa mesma noite, uma pequena espaçonave da estrela Vega manda raios magnéticos que se alojam em seu crânio...

JIM
Fred, você não está me ajudando.

BARBARA
Sinto muito, Jim... mas não era na Lola que você estava pensando em todas aquelas noites que passamos um nos braços do outro.

JIM
Você entendeu mal a situação... ou eu entendi mal... eu cometi um erro terrível, gostaria de desfazê-lo...

BARBARA
Estou confusa... preciso rever meus planos. Mas uma coisa é certa... não sou uma pateta que vai rolar e se fingir de morta. Você vai ter que me compensar por isso de alguma maneira.

JIM
O que isso quer dizer?

BARBARA
Preciso de tempo para pensar... mas você não vai sair disso sem pagar nada. Sabe o que dizem... se não consegue amor, consiga dinheiro.

JIM
Isso é chantagem.

BARBARA
Você devia ter pensado nisso na primeira vez em que nos registrou naquele hotel de quinta... agora sou eu quem manda. Entrarei em contato com você.
(Barbara sai.)

FRED
Sei no que você está pensando... que tudo funcionava tão bem no chuveiro...

JIM
Fred... Fred... o que eu faço?

FRED
Uma coisa é certa... você não pode pagar nada para ela.

JIM
Não?

FRED
Você jamais se livraria dela... ela estaria sempre voltando para pedir mais e mais... ela vai tirar até a sua última gota de sangue... seus filhos talvez tivessem que ir para escolas públicas.

JIM
Preciso contar a Lola... preciso... é o único jeito.

FRED
É?

JIM
É melhor vindo de mim do que por um estranho mal-intencionado.

FRED
É mesmo?

JIM
Além disso, põe um fim à ameaça de chantagem.

FRED
Você não pode contar à Lola que está tendo um caso há seis meses.

JIM
Por que não? Se eu levar flores...

FRED
Não há flores suficientes nem no Jardim Botânico.

JIM
As pessoas têm casos e depois percebem que erraram.

FRED
Você está sendo racional demais. A Lola tem tolerância zero para infidelidade. Foi o que destruiu a infância dela.

JIM
Como você sabe disso?

FRED
Meu cachorro me disse.

JIM

Vou dizer que não significou nada. Foi apenas uma escapada.

FRED

Ótimo. Mulheres adoram ouvir isso... ela vai dar um sorriso caloroso e mandar entregar os documentos do divórcio.

JIM

E se eu negasse? Seria a minha palavra contra a de uma estranha histérica. Será que Lola acreditaria em mim?

FRED

Entre!

JIM

Estou morto... está tudo acabado. Não tenho como sair dessa. Pequei, e agora vou para o inferno.

FRED

Espere um instante... estou começando a pegar um sinal de rádio... estou sentindo os raios entrando na minha cabeça.

JIM

Eu não preciso de raios... preciso de uma ideia criativa. Pelo amor de Deus, somos dois escritores...

FRED

Tem muita estática, caramba...

JIM

A menos que eu simplesmente pague.

FRED

Este clima é ruim para as transmissões.

JIM

O que foi que eu fiz? Os pecados do pai recaem sobre os filhos.

FRED

É tão chato.

JIM

Nós podíamos nos mudar... comprar um trailer... podíamos sair viajando por aí... ela nunca nos encontraria.

FRED
Alguém deve estar usando um forno de microondas.

JIM
Não, isso não vai funcionar... estou condenado, não importa o que eu fizer.

FRED
Espere, espere... consegui! Consegui!

JIM
Conseguiu o quê, Fred?

FRED
A solução para o seu problema está registrada no meu córtex no Canal Gama 2000.

JIM
Ótimo... a minha cabeça não pega cabo.

FRED
Você precisa se livrar dela.

JIM
Anrã... este foi o seu *insight*?

FRED
Não, quero dizer livrar-se dela definitivamente.

JIM
O que você está querendo dizer?

FRED
A minha voz está dizendo: eliminação permanente.

JIM
Ótimo... mas como... sem ser matando ela? Não consigo pensar em nenhuma outra maneira... eu...
(Percebe que é o que Fred está querendo dizer.)
Fred... estou tentando ter uma conversa séria aqui.

FRED
Eu estou falando muito sério.

JIM
Sério? Falar em matá-la é falar sério?

FRED
É a única maneira de evitar que a sua família seja destruída.

JIM
Você precisa urgentemente da sua medicação.

FRED
Estou recebendo um sinal verde, que é o sinal para seguir em frente.

JIM
Fred, não vou matá-la.

FRED
Não vai?

JIM
É algo psicótico... você é psicótico.

FRED
E você é só neurótico... de modo que tenho muito a ensinar. Sou hierarquicamente superior a você.

JIM
Não é uma solução... e mesmo se fosse, eu não poderia fazer isso. E mesmo se pudesse fazer isso, eu não faria.

FRED
Por que não? É um golpe de genialidade criativa.

JIM
É psicológica, moral e intelectualmente errado. É loucura.

FRED
É um salto no impensável.

JIM
Mantenha impensado.

FRED
A questão é como fazer isso da melhor maneira.

JIM
A questão não é esta.

FRED
Eu não quero que você seja apanhado. Nova York tem pena de morte agora. Não acho que estar na ponta receptora de uma daquelas injeções letais ajudaria muito a sua causa.

JIM
Não, eu também gostaria de evitar isso, Fred...

FRED
Precisamos agir rapidamente. Essa mulher é uma alienígena... pode até ser computadorizada.

JIM
Não quero discutir isso.

FRED
Se você não ceder a todas as exigências, ela vai contar todos os detalhes a Lola. Lola ama você, confia em você... e daí que ela teve uma certa obsessão pós-parto com os gêmeos? Tenho certeza de que vai passar, e vocês voltarão a transar todos os Dias de Ação de Graças.

JIM
É radical demais... você é radical demais.

FRED
E você é razoável demais. Veja, quando todos os caminhos levam a um beco sem saída, eu dou um salto.

JIM
Sim... você dá um salto, mas eu fico com a injeção.

FRED
Você não vai ser pego. Vamos planejar tudo perfeitamente.

JIM
Sendo pego ou não, eu não quero fazer isso. É errado. Não matarás.

FRED
O que é isso? É de algum dos seus livros de etiqueta *yuppie*?

JIM
Preciso ir para casa.

FRED
Você não vai ter uma casa depois de amanhã.

JIM
Como pude não ver que ela seria capaz de fazer isso?

FRED
Porque você é um cordeirinho... um doce cordeirinho classe-média *sem imaginação*.

JIM
Eu traí a minha mulher.

FRED
É isso mesmo. Sem falar no efeito do divórcio sobre as pobres crianças inocentes. Gêmeos, ainda por cima... como se cada um deles não tivesse problemas suficientes, tendo que conviver com uma réplica exata.

JIM
Mas matá-la está fora de cogitação.

FRED
De que outra forma você vai impedir que ela conte tudo à Lola? De que outra forma?

JIM
Não sei... estou com uma enxaqueca terrível.

FRED
Tente acupuntura. Mas não deixe botarem as agulhas perto demais da medula. Foi o que fizeram comigo.

JIM
Fred, por favor.

FRED
Onde ela mora?

JIM
Perto da Columbia. Fred...

FRED
Num prédio de apartamentos? Há algum porteiro que poderia reconhecer você?

JIM
Sim, há.

FRED
Que andar?

JIM
Décimo primeiro.

FRED
Algum ascensorista?

JIM
Não... só um porteiro.

FRED
Vinte e quatro horas? Provavelmente não...

JIM
O porteiro faz um intervalo de vez em quando e sai para tomar café.

FRED
Se você usar a escada dos fundos...

JIM
Ele não se ausenta por mais de dez minutos, mais ou menos. Não é tempo suficiente para subir os onze andares de escada, matá-la e descer antes de ele voltar.

FRED
Ela contou a alguém sobre o caso de vocês? Alguma amiga?

JIM
Era um segredo nosso. Que eu saiba.

FRED
Você precisa comprar umas luvas.

JIM
Claro. Só o que me faltava era ter as minhas impressões digitais por tudo... eu.. Fred... do que estamos falando?! Eu não vou matá-la.

FRED
Você precisa matá-la, parceiro. É isso ou adeus Lola e as crianças.

JIM
Mas é desumano. Eu faço o quê? Vou escondido até o apartamento dela?

FRED
Isso mesmo.

JIM
Toco a campainha.

FRED
Ela vai estar esperando. Você vai ligar antes.

JIM
E faço o quê? Estrangulo ela?

FRED
O que você quiser, a escolha é sua. Estrangule, sufoque, use uma faca de cozinha...

JIM
Fio de telefone em volta do pescoço?

FRED
Se você preferir.

JIM
Ou um saco plástico sobre a cabeça.

FRED
Faça parecer um suicídio... ou um assalto.

JIM
Isso mesmo... eu poderia forjar um bilhete ou, melhor ainda, fazer ela escrever um, por meio de algum artifício. Ela recentemente perdeu o emprego numa revista. Uma mulher sozinha, deprimida.

FRED
Sabe o que estou pensando? Você consegue um pouco de sangue que seja do mesmo tipo do dela, compra uma arma e munição, tira o chumbo de uma das balas... você congela o sangue e então molda no formato de uma bala e põe no tambor da arma... entra no apartamento dela, atira uma vez no peito... ela morre com uma bala de sangue congelado... a bala derrete no organismo... do mesmo tipo sanguíneo... os policiais a encontram morta, mas não há munição para ser descoberta. Apenas um buraco no corpo, sem ferimento de saída.
(Chama.)
Entre.

JIM
Eu podia deixar alguma coisa cair na rua, fazer um estranho pegar e colher suas impressões digitais. Então eu levaria ela para um dos nossos hotéis, nos registraria como Sam e Felicity Arbogast, mataria ela no quarto, deixaria o objeto e sairia pela escada de incêndio.

FRED
Não gosto do nome Felicity... é estranho demais.

JIM
É uma troca fácil. Jane Arbogast.

FRED
Além disso, você deixaria um rastro de papel. Eles têm esses especialistas em grafologia.

JIM
Posso assinar com a mão esquerda.

FRED
Espere! Espere um instante... não, jamais funcionaria.

JIM
O quê?

FRED
Eu estava pensando que você podia trancar ela no armário, passar um tubo de borracha pelo buraco da chave e sugar o ar para fora.

JIM
Uma vez li uma história de um cara que espancou alguém até a morte com um pernil de ovelha e depois comeu a arma do crime. Essa é engraçada.
(Ri.)
Ele comeu a arma do crime.

FRED
Isso não é brincadeira, Jim. Você vai ter que eliminar aquela mulher. E logo.

JIM
Não vou fazer isso, Fred. Não posso.

FRED
Talvez, no fim, a melhor coisa a fazer seja chamar ela para tomar alguma coisa, matá-la numa rua escura, roubá-la... fazer parecer um assalto.

JIM
Eu não vou fazer isso.

FRED
Por outro lado, talvez você realmente queira que o seu casamento acabe.

JIM
O que você está dizendo?

FRED
Sim... tire aquela sua mulher hamster das suas costas, livre-se daqueles filhos sósias assustadores e insista o tempo todo: você não *os* deixou. A coisa estava fora do seu controle... uma mulher ciumenta destruiu o seu lar.

JIM
Por favor, poupe-me desses *insights* pseudofreudianos.

FRED
Claro... você acabará um homem livre. Um divorciado... uma nova vida... atrizes, modelos, boates.

JIM
Basta.

FRED
Será que toquei num ponto nevrálgico?

JIM
Olhe aqui, não estou dizendo que não estou numa situação terrivelmente complicada. Não estou dizendo que não teria sorte se a Barbara... Se ela...

FRED
Pode dizer.

JIM
Morresse. Mas ela é um ser humano.

FRED
Você diz isso como se fosse uma coisa boa.

JIM
E não é?

FRED
Não sei. Você já foi a uma reunião de condomínio?

JIM
Talvez eu a tenha enganado sem querer. É possível. Talvez eu seja mais responsável do que eu estava pensando.

FRED
Mas você agiu estúpida e estabanadamente. Estava louco por um pouco de atenção em casa, um pouco de paixão, então caiu num caso em que conseguiu um pouco de mimo e sexo ilícito e gostou. No fim, você acabou caindo em si, mas era tarde demais.

Uma mulher ardilosa não o deixou terminar tudo. Você é patético. Mas tudo bem. A maioria das pessoas é patética. Eu, por outro lado, sou trágico.

JIM
Eu sou patético, e você é trágico?

FRED
Ah, sim. Eu tinha grandeza. Uma cartada diferente, e eu teria sido Shakespeare ou Milton.

JIM
Você está brincando? Com oito putas e um fusca?

FRED
Você tem uma chance de se redimir. Para evitar que a sua família seja destruída por uma vaca vingativa cuja raiva por não conseguir o que quer se transforma em chantagem.

JIM
É moralmente inaceitável.

FRED
O que você fez já é moralmente inaceitável. Você enganou a sua mulher, mentiu, descumpriu os votos do casamento.

JIM
Tudo bem... foi errado... mas não é a mesma coisa que assassinato.

FRED
Você fala em assassinato como se fosse a última das alternativas. Para uma mente mais criativa como a minha, é... uma alternativa a mais.

JIM
Esta é a diferença entre nós, Fred. Você tem ilusões de grandeza. Sou mais pé no chão. Não recebo instruções de raios vindos do Empire State Building nem de uma espaçonave flutuando no ar.

FRED
Isso pode ser resolvido. Conheço um neurocirurgião que pode instalar uma antena parabólica.

JIM
Eu professo a ética judaico-cristã.

FRED
Então você recebe ordens de um cartel?

JIM
Você equaciona psicose com criatividade.

FRED
Ok, não precisa acreditar em mim. Confira as críticas que você recebeu com o passar dos anos. O que você acha que os críticos estão querendo dizer quando eufemisticamente se referem a você como um "belo artista"?

JIM
Que eu sou um profissional sólido. Você não passa de loucura desestruturada.

FRED
É por isso que nós formaríamos uma bela equipe.

JIM
Não, eu não quero ser uma equipe.

FRED
Você está com medo.

JIM
Talvez. Mas a escolha é minha, e eu estou dizendo não para um assassinato. Sei que provavelmente haverá consequências muito dolorosas, mas sou responsável por aquilo que eu próprio causei, e mesmo que a Barbara resolva se comportar como uma cobra venenosa, ainda assim tirar a vida dela é absolutamente inaceitável.

FRED
Atingimos o cerne do seu problema, garoto. Você não pode dar o salto.
(Barbara reaparece em cena.)

BARBARA
Quero conversar com você.

JIM
Barbara... eu pensei que...

BARBARA
Que bom que você ainda está aqui.

FRED
Barbara, você é alérgica a algum spray inseticida ou veneno de barata?

JIM
Fred!

BARBARA
Quero conversar com ele sozinha.

FRED
Sozinha? Como isso é possível?

BARBARA
Sem você por perto.

FRED
Mas nós somos parceiros.

JIM
Está bem, Fred, dá um tempo. Nós não somos ligados pelos quadris.

FRED
Mas a nossa colaboração...

JIM
Por favor. Preciso de um tempo com a Barbara. Vá bater um papo com a nave mãe.

FRED
Está bem. Você é quem sabe. Saltei fora.
(Fala baixinho para Jim.)
Está vendo aquela aura vermelha e brilhante em volta dela? A única outra vez que vi isso antes foi em volta de Nixon.
(Fred sai.)

JIM
Barbara, sinto muito por tudo.

BARBARA
Preciso de uns minutos para pensar claramente.

JIM
Você estava muito irritada agora há pouco.

BARBARA
Fui apanhada de surpresa.

JIM
Peço desculpas por isso. Não existe um jeito fácil de terminar um caso.

BARBARA
Eu sabia no que estava me metendo.

JIM
Eu nunca a enganei. Somos dois adultos.

BARBARA
Eu tenho estado um pouco tensa ultimamente. Perdi o emprego... tenho bebido um pouco demais.

JIM
Eu entendo. Andei passando por um período ruim no casamento. Talvez as coisas nunca se ajeitem, mas ter um caso não é a melhor maneira de lidar com isso. Se há qualquer coisa que eu possa fazer por você...

BARBARA
Eu queria trezentos mil dólares.

JIM
...basta dizer.

BARBARA
Trezentos mil agora e mais duzentos até o final do ano.

JIM
Como?

BARBARA
Você recebeu uma grana com o seu roteiro. Acho que pode dar conta de meio milhão.

JIM
Barbara, pense no que você está fazendo...

BARBARA
Pense você. Eu poderia tornar a sua vida insuportável, mas não vou fazer isso. E isso tem que valer alguma coisa.

JIM
Meio milhão de dólares...

BARBARA
Você vai se esquivar? Vou procurar a Lola agora mesmo.

JIM
Eu não tenho como pagar tanto dinheiro.

BARBARA
Você quer dizer que não vai pagar.

JIM
Não vou. Mesmo que pudesse, não pagaria. Porque a coisa não pararia aí. Você estaria em cima de mim no ano que vem, e no outro ano.

BARBARA
Jim, você não está em posição de ditar as regras.

JIM
Estou tentando consertar uma confusão que eu criei, não piorá-la. Isso nos amarraria um ao outro para sempre. Você iria tirar até a minha última gota de sangue ao longo dos anos. Eu jamais me libertaria de você.

BARBARA
Quero o dinheiro até amanhã. O primeiro pagamento, quero dizer. Você tem 24 horas.

JIM
Eu não preciso de 24 horas.

BARBARA
Se você não me procurar até amanhã à tarde, vou concluir que você prefere que eu bote a boca no trombone. A escolha é sua. Durma bem.
(Quando ela sai, Jim não sabe o que fazer, e então pega o celular.)

JIM
(Explodindo.)
Não... você não vai botar a boca em trombone nenhum, porque eu vou fazer isso. Eu mesmo vou dizer à Lola. Vou confessar tudo. Vou implorar para que ela compreenda. Vou chorar, vou rastejar. A Lola é uma pessoa boa. Talvez ela consiga me perdoar... tudo bem, é muito arriscado... mas eu não conseguiria viver sabendo que há alguém no mundo capaz de destruir meu lar por causa de um capricho... toda vez querendo mais dinheiro... e os pagamentos ficariam cada vez maiores... maiores e mais frequentes... Como eu explicaria isso? Não, Lola, nós não podemos mais pagar o apartamento, mas eu não posso dizer por quê... E as férias foram canceladas... e os meninos precisam arranjar empregos. Empreguinhos gêmeos...
(Fred entra laconicamente e fica só observando Jim, que não o vê e fala ao telefone.)
Alô... Lola, é o Jim. Jim Swain... o seu... o seu marido... o velho Jim Swain, James Swain, rá, rá... E então, como tem passado? Ótimo... a vida tem sido boa com você? Rá, rá... o quê? Não, não andei bebendo. Só queria bater um papo. Você sabe que eu te amo... rá, rá... Lola... eu tenho uma coisa para te dizer...
(Fred tira o celular dele e o atira no chão.)

FRED
O que você está fazendo?

JIM
O que você fez?

FRED
Você não ia confessar tudo para a Lola, ia?

JIM

Sim, ia. Sabe que você estava certo sobre a Barbara? Ela tem uma aura vermelha em volta dela... tenho certeza que vi... ela quer quinhentos mil dólares... para começar... você acredita nisso? Trezentas milhas amanhã e o resto até o final do ano. Mas eu não vou pagar, nem um centavo, nem um tostão furado.

FRED

Não se preocupe. Em vinte minutos a Barbara estará no Atlântico... ou em Poughkeepsie, se a corrente fosse contrária.

JIM

Você não está entendendo, eu... Fred... você não...

FRED

Eu estava certo sobre ela, Jim, ela recebe ordens de outra galáxia.

JIM

Fred, diga que não é verdade...

FRED

Não se preocupe... não há como você ser implicado no que houve.

JIM

Ahmeudeus.

FRED

Muito engenhoso. Ela tinha um chip de computador implantado no ouvido. Era parte de um plano para escravizar o Bronx.

JIM

Eu preciso sair daqui.

FRED

Se ela algum dia for encontrada, em algum ponto do vasto Atlântico, vai parecer suicídio... jamais vão saber, de qualquer maneira. Você mesmo disse, uma mulher solitária, que perdeu o emprego.

JIM

Você a jogou no rio Hudson?

FRED

Todo aquele planejamento elaborado não passava de um texto ruim. Os melhores argumentos são os mais simples. Eu estava sentado num banco, ela passou caminhando, estávamos só nós dois, a solução me veio num momento de inspiração. É essa a diferença entre nós dois: com você, teria sido algo trabalhado e superanalisado. Isso não é real, não é lógico. Comigo, aquilo simplesmente *pareceu* certo.

JIM

Vou passar mal.

FRED

Ei, olhe aqui, esqueça os direitos autorais do nosso filme e esqueça a nossa colaboração. A verdade é que eu não quero ser escritor. Esqueci como é entediante... é um trabalho solitário, Jim, e eu recebi uma oferta para integrar a próxima equipe Apollo. Estão falando de uma expedição tripulada até Alfa Centauro. Mas continue com o seu trabalho, você é um bom profissional, embora eu recomende que você procure alguém com quem formar uma equipe. Não é vergonha alguma trabalhar em colaboração com outras pessoas. Você está deixando algo passar.

JIM

Estou em estado de choque.

FRED

Fique de olho nas estrelas, Jim. Há vida em muitas delas. Não que todos necessariamente nos queiram bem. O objeto da missão Apollo é explorar alguns dos pontos problemáticos no universo e lidar com qualquer eventualidade que possa ocorrer. O presidente sabe disso, falamos longamente a respeito. Nem tudo é um mar de rosas lá fora.

(O celular toca, e Jim atende.)

JIM

(Ao telefone.)

Alô? Lola. Sim... não sei o que aconteceu... caiu a linha... Ah, não... eu só ia dizer... liguei porque estava com saudade e pen-

sei em pegar você no trabalho para voltarmos a pé para casa juntos... Eu te amo... Eu te amo... Eu... ah, Lola...
(Sai, enquanto Fred fala sem parar.)

FRED

Eu consigo identificar alguns canais de Netuno. Podem ser armadilhas. O que fizemos para eles terem tanta raiva da gente? Nada, você diz? Pense de novo. Você não é do tipo que tem casos extraconjugais. E seja grato... o preço é alto demais. Mande um beijo para a Lola... Entre!

FADE OUT

Bloqueio criativo

OLD SAYBROOK

Sobem as cortinas numa casa de campo em Connecticut. Uma combinação de antiguidades americanas e mobília contemporânea – talvez uma grande lareira de pedra –, com uma escadaria levando para o andar de cima. Sheila e Norman, que moram ali, estão fazendo um churrasco nos fundos. A irmã de Sheila, Jenny, e o marido dela, David, são os únicos convidados. Ouve-se o barulho de gansos.

Jenny, Sheila e Norman preparam bebidas enquanto conversam amenidades antes de voltarem a cozinhar.

SHEILA
(Olha pela janela e diz melancolicamente.)
Olhe, Norman, os gansos voltaram.

NORMAN
Falou como a heroína trágica de uma peça russa.

JENNY
Detesto peças russas. Nada acontece e cobram o mesmo preço de um musical.

SHEILA
E pensar que todos os anos, quando migram para o sul, os gansos escolhem o nosso laguinho para descansar por alguns dias.

NORMAN
Eu disse: Old Saybrook está se tornando o lugar da moda.

DAVID
O que os gansos nos dizem sobre a insondável magnificência da natureza?

SHEILA
O quê?

DAVID
Que um dia todos vamos envelhecer e morrer. É esta a mensagem de toda a natureza.

JENNY
Isso é fácil para ele dizer. É um cirurgião plástico, e esta é a mensagem do seu cartão de visitas.

SHEILA
A sua mulher pegou você, David.

DAVID
(Brinda.)
Aos gansos.

JENNY
Aos gansos, não... ao Norman e à Sheila. Feliz aniversário de sete anos de casamento.

NORMAN
Alguns dos anos mais felizes da minha vida. Talvez dois deles. Brincadeirinha.

SHEILA
Freud dizia que brincadeiras não existem.

NORMAN
(Brinda.)
A Sigmund Freud... o poeta da inveja do pênis.

DAVID
E agora, se vocês me derem licença, vou até o gabinete ver o Tiger Woods. Por favor, só me chamem quando os bifes saírem da churrasqueira.
(Sai a caminho do escritório.)

JENNY
(Saindo, fala para Sheila.)
Vou fazer mais gelo – foi uma das únicas coisas que eu aprendi na escola de culinária.

DAVID
(Voltando.)
Onde estão os pistaches?

SHEILA
Não sei...

DAVID
Não consigo assistir a uma partida de golfe sem pistaches.

SHEILA
David.

DAVID
Precisam ser vermelhos. Pistaches vermelhos e salgados.

SHEILA
(Saindo para a cozinha.)
Tenho castanhas de caju...

DAVID
Castanhas de caju são basquete. Pistaches são golfe.

NORMAN
David, saia daqui.
(David sai para o escritório.)
Descobri o que os gansos simbolizam. Simbolizam o desastre iminente: o barulho que fazem é um canto de acasalamento, e um canto de acasalamento sempre quer dizer problema.
(A campainha toca.)

NORMAN
(Grita.)
Sheila, você está esperando alguém?

SHEILA
(Voltando à sala.)
Não.
(Abrem a porta, e um casal parecido, Hal e Sandy Maxwell, está ali parado.)
Pois não?

HAL

Olá, espero não estarmos incomodando.

SANDY

(Um pouco envergonhada.)

Que chato, Hal.

HAL

Sou Hal Maxwell, e esta é a minha mulher, Sandy. Estávamos passando por aqui, e não queremos atrapalhar, mas nós morávamos aqui.

SHEILA

É mesmo?

SANDY

Sim... moramos por nove anos. Vendemos a casa a um certo sr. Krolian.

HAL

Max Krolian, um escritor bastante conhecido.

NORMAN

Claro... bem, nós estamos aqui há mais ou menos três anos. Norman Pollack. Sheila é minha mulher. Por favor, entrem.

SANDY

Não queremos incomodar. Nós nos mudamos para New Jersey. Viemos para cá comprar antiguidades, e estávamos tão perto.

SHEILA

Por favor, entrem. Deem uma olhada. Sintam-se à vontade.

NORMAN

Então quer dizer que vocês moraram aqui?

SHEILA

Querem alguma coisa para beber?

HAL

Ah, Deus, eu adoraria.

SANDY
Você precisa dirigir.
(Já entraram na casa e olham ao redor.)

SHEILA
Como está a casa?

HAL
Traz tantas lembranças.

NORMAN
O que você quer beber?

HAL
Eu *gostaria* de um uísque *single malt*, mas aceito qualquer coisa.

NORMAN
E você?

SANDY
Ah, só um pouquinho de vinho branco, se tiver.

NORMAN
Não temos vinho branco, mas os nossos martínis são incolores.
(Sandy ri da piada de Norman.)

HAL
(Na janela.)
De quem foi a ideia de instalar uma piscina?

NORMAN
Nós a construímos.

HAL
Qual é formato dela?

NORMAN
Ameba... uma ameba. É uma piscina em formato de ameba.

HAL
Aqueles germezinhos...

SANDY
Hal...
(Entra Jenny.)

SHEILA
Ah, Jenny. Esses são...

HAL
Os Maxwell.

SHEILA
Eles moraram aqui.

SANDY
Só queríamos ver a casa de novo. Nós nos casamos aqui.

JENNY
Ah, que amor.

HAL
Naquele jardim. Sob um bordo... que não existe mais. Agora tem uma piscina no lugar.

SHEILA
Vocês estão com fome?

SANDY
Não...

HAL
Por que você diz que não? Nós estamos morrendo de fome.

NORMAN
Ora, então se juntem a nós. Estamos fazendo uns bifes na churrasqueira.

SANDY
Não, não podemos aceitar.

HAL
Ahn... mal passado.

DAVID
(Sai do escritório momentaneamente.)
Quem está aí? Ouvi a campainha exatamente quando o Tiger estava prestes a dar a tacada. Acho que o barulho fez ele errar.

JENNY
Meu marido, David. Esses são...

HAL
Hal e Sandy Maxwell. Nós morávamos aqui.

DAVID
É mesmo? Onde vocês botaram os pistaches?

JENNY
David, eles se casaram aqui.

DAVID
Ah, ótimo. Você joga golfe?

HAL
Não.

DAVID
Hum, excelente. Vamos jogar um dia.

JENNY
No inverno, são os Knicks, no verão, é o golfe. Falando de Freud... ele adora ver rapazes atléticos enfiando bolas em buracos.
(Ela sai.)

HAL
Ei... o que aconteceu com o lindo piso que tinha aqui?

NORMAN
Ah, ahn, nós trocamos.

HAL
Trocaram o assoalho rústico? Por quê?

NORMAN
Queríamos algo mais liso.

SANDY
(Lançando um olhar para o marido.)
Ficou ótimo...

HAL
Este chão foi o primeiro lugar em que fizemos amor...

SANDY
Hal...

HAL
... bem aqui... onde está a mesa de centro. Era liso o bastante para nós.

SANDY
Hal...

SHEILA
Ahn... que romântico.

HAL
Eu acho. A Sandy fica encabulada. Foi um momento memorável. Principalmente considerando que éramos ambos casados com outras pessoas na época.

SANDY
Hal!

SHEILA
Ah, meu Deus.

HAL
Não entenda mal. Nós estávamos bêbados, sozinhos aqui, houve uma tempestade, todas as luzes se apagaram. De repente, a sala foi iluminada pelo clarão de um relâmpago, e eu vi Sandy, os lábios carnudos, os cabelos selvagens por causa da forte umidade... ela me atraiu com a promessa palpitante de uma aventura sexual.

SHEILA
O que o senhor faz, sr. Maxwell?

HAL
Hal. Sou contador. Estão vendo? Olhem a cara dela...

SHEILA
Como?

HAL
Você estava me tomando por um poeta, certo? Eu não pareço do tipo que passa o tempo debruçado sobre números para uma empresa, não é?

SHEILA
Não sei... contadores podem ser poéticos. Você deveria ver as nossas restituições de imposto de renda.

HAL
Eu sinto que há mais dentro de mim, mas simplesmente não tenho coragem.

SANDY
Hal queria escrever o grande romance americano.

HAL
Peça, Sandy, peça... não romance. Embora eu tenha escrito alguns poemas sobre os perigos do colesterol. Sonetos.

SANDY
Vocês conheciam o sr. Krolian, o proprietário anterior?

NORMAN
Só de fama.

HAL
Eu o vi uma vez, quando vendemos a casa. Tentei conversar com ele. Era um homem com dificuldades para se comunicar... mas um escritor muito criativo.

NORMAN
Com licença. É melhor eu ir ajudar a minha cunhada, a Jenny... sempre que ela tenta acender a churrasqueira, nós acabamos no noticiário das seis.
(Ele sai.)

SANDY
O que o seu marido faz, sra....

SHEILA
Sheila. Ele é dentista.

HAL
Ei, é quase tão ruim como eu. Opa. Bem, quero dizer... ahn... o que faz a sua irmã? Ela é modelo?

SHEILA
Jenny tem uma loja de lingerie em Manhattan, e o marido dela arruma traseiros. E não estou falando de trabalho automotivo. Ele é cirurgião plástico.
(Sandy ri da piada de Sheila.)

SANDY
(Olhando pela janela.)
A casa de passarinhos ainda está em pé.

HAL
Eu mesmo desenhei e construí aquela casa de passarinhos.

SANDY
Inspirado no Guggenheim.

HAL
Ei, vocês sabem do cofre secreto?

SHEILA
Não.

HAL
Pois é, nós também não teríamos ficado sabendo, mas o proprietário original, o sr. Warner, que construiu a casa, nos contou. Ele fez um cofre escondido atrás da lareira.

SHEILA
Não.

HAL
Fez sim.

SANDY
Mostre a ela.

HAL

Aqui, está bem aqui atrás, mas é preciso saber onde fica o trinco secreto.

(Tateia.)

SANDY

É o mais de cima, e você precisa puxar a alavanca...

HAL

Aqui est... consegui... pronto.

SHEILA

(Observa o cofre se abrindo.)

Meu Deus, a gente aprende algo novo a cada dia...

HAL

Não acredito que vocês não sabiam disso.

SHEILA

Eu não fazia ideia! Eu me apoio aqui o tempo todo... nunca imaginei... um cofre escondido... o que é isto?

SANDY

O que é o quê?

SHEILA

(Retira um velho caderno... lê em voz alta.)

"Quero guardar esses momentos, porque são os mais apaixonados que já tive."

(Ergue o olhar.)

Hummm. O que será isto?

(Folheia o diário... lê.)

"Seus seios trêmulos sob as minhas mãos fizeram com que ambos respirássemos pesadamente"...

HAL

O que você encontrou aí?

SHEILA

(Lê.)

"Crônica do meu romance com a irmã de Sheila, Jenny, por Norman Pollack."

(Sheila levanta o olhar.)

HAL
Norman Pollack... é o marido dela.

SANDY
Bom, foi ótimo conhecer vocês...

SHEILA
Norman, você pode vir até a sala um minuto?

SANDY
A gente sai sozinho...

NORMAN
(Voltando.)
Você disse alguma coisa, querida?

SHEILA
Seu filho da puta falso e infeliz.

NORMAN
Como?
(Percebe que ela encontrou alguma coisa.)

SANDY
Adoramos o que vocês fizeram com a casa...

SHEILA
Isto é seu.

NORMAN
Do que você está falando?

HAL
Ela encontrou o seu diário. Você está numa tremenda encrenca.

NORMAN
O meu o quê? Você deve estar brincando.

SHEILA
É o seu nome.

NORMAN
Ah, por Deus, Sheila. Deve haver cem Norman Pollacks na lista telefônica.

SHEILA
É a sua letra.

NORMAN
Muitas pessoas pingam os is com pequenos círculos.

SHEILA
Tem uma foto sua e da Jenny em que você aparece com as mãos sobre os seios dela.

NORMAN
É a única prova concreta que você tem.

SHEILA
(Lê do diário.)
"Não consigo mais reprimir os sentimentos tórridos que tenho pela irmã de Sheila. Fazer amor com Jenny é um êxtase que eu nunca havia experimentado com nenhuma outra pessoa."

SANDY
Se algum dia forem a Nutley...

NORMAN
Como você o encontrou?

HAL
Quando compramos a casa, fiquei sabendo do cofre.

SANDY
Cale a boca, Hal.

NORMAN
Você falou a ela sobre o cofre?

HAL
Como eu ia saber que você estava matando a Jenny?

NORMAN
Agora, Sheila, antes que você tire conclusões precipitadas...

HAL
Norman, você não está entendendo: esta é a arma fumegante.

SANDY
Você quer calar a boca, Hal?

SHEILA
(Lê do diário.)
"Deslizei secretamente a mão sob a saia dela enquanto nós quatro estávamos sentados no gramado em Tanglewood à luz do luar. Por um instante, achei que Sheila tinha percebido."

HAL
Diz o que mais acontece?

NORMAN
Você quer ficar fora disso?!

SHEILA
"Hoje Jenny fingiu ser uma garotinha, e eu dei palmadas em seu traseiro. Ela achou isso muito erótico, e então fizemos amor."

HAL
Se ao menos eu pudesse dar uma olhada no diário...

SANDY
Hal, pare com isso.

JENNY
(Entra.)
Norman, sem querer deixei o fogo da churrasqueira apagar.

SHEILA
Ah, "Sem querer eu deixei o fogo da churrasqueira apagar"? Nossa, você não é uma menininha má? Norman vai ter que dar mais umas palmadas em você.

JENNY
(Não entende.)
O quê?

NORMAN
Ela encontrou o meu diário.

JENNY
O seu o quê?

SHEILA
(Lendo.)
"Hoje, Jenny e eu nos encontramos na casa dela e fizemos amor na cama que ela divide com David."

JENNY
Você tem um diário?

NORMAN
Estava completamente escondido. Até ele dizer a ela onde encontrá-lo.

HAL
Como eu podia saber que você estava danco para ele? Eu inocentemente mostrei o cofre a ela.

JENNY
Por que diabos você teria um diário?

HAL
Eles são muito úteis para efeito de impostos.

SANDY
Bem... tenho certeza de que vocês vão resolver tudo... agora, com licença...

SHEILA
Nem pensar. Vocês ficam aqui mesmo. São testemunhas.

HAL
Testemunhas? Vai acontecer alguma coisa para que você precise de testemunhas?

SHEILA
Há quanto tempo vocês dois estão nos traindo?

NORMAN
Não dá para chamar alguns encontros de traição.

SHEILA
(Olhando no diário.)

De acordo com isto aqui, vocês tiveram quatro relações sexuais só no Dia do Presidente.

NORMAN
Bem, sim, porque os aniversários do Washington e do Lincoln são comemorados juntos.

HAL
Não estou entendendo qual é o grande problema aqui. Nos subúrbios todo mundo trai.

SANDY
Ah, é?

SHEILA
(Lendo o diário.)
Onde você aprendeu essas posições?

JENNY
Na aula de pilates.

HAL
(Rindo demais da piada.)
Vocês ouviram esta?

SANDY
Eu ouvi, eu ouvi. Nós moramos no subúrbio... exatamente aqui, na verdade... espero que você não tenha me traído, porque eu não traí ninguém.

HAL
Claro que eu não faria isso.

SANDY
Então por que diria algo como o que disse?

HAL
Eu estava generalizando.

SANDY
Nunca, nem com a Holly?

HAL
A Holly Fox? Por favor. Só porque ela era atriz?

SANDY
Exatamente... porque você sempre insistia que ela nem era tão bonita, mas várias vezes disse o nome dela durante o sono.

HAL
Você está fazendo uma projeção, porque sempre teve uma queda pelo irmão dela.

SANDY
Pode acreditar, se eu quisesse ficar com Ken Fox, não teria problema para isso.

HAL
O que você está querendo dizer?

SANDY
Que ele deu em cima de mim uma vez por semana durante um ano, mas eu não dei a mínima.

HAL
Bem, esta é a primeira vez que eu fico sabendo disso.

SHEILA
Há quanto tempo vocês dois estão tendo esse caso ardente?

NORMAN
(Junto com Jenny.)
Não faz muito tempo.

JENNY
Três anos.

NORMAN
Seis meses.

JENNY
Um ano.

NORMAN
E meio.

JENNY
Não faz muito tempo.

NORMAN
Estivemos muito tempo separados.

SHEILA
Como você pôde fazer isso, você é minha irmã!

JENNY
O que eu posso dizer? Nós nos apaixonamos.

NORMAN
Não era amor, era só sexo.

JENNY
Você disse que era amor.

NORMAN
Eu nunca usei esta palavra. Eu dizia que eu "gostava" de você... que eu sentia "saudade" de você... que eu "precisava" de você... que eu "não conseguia viver sem você"... mas não amor.

SHEILA
Durante todo esse tempo em que você dividiu a cama comigo, você vinha dormindo com a Jenny.

NORMAN
O que eu posso fazer se ela me seduziu?

JENNY
Eu seduzi você?

NORMAN
Há três anos, eu entrei na loja de lingerie dela... para comprar um presente para você... encontrei algo que eu gostei... perguntei se serviria em você... ela disse que era mais ou menos do seu tamanho e que experimentaria... para eu ver... nós dois entramos na cabine... ela vestiu a peça...

HAL
Que peça?

NORMAN
Um fio dental... ela vestiu um fio dental.

SANDY
(Para Hal.)
Quer parar com isso?

HAL
Estou tentando acompanhar a narrativa.

SANDY
Você acha ela atraente, não é?

SHEILA
Você também?

HAL
O quê?

SANDY
Eu ouvi você perguntando a Sheila se a irmã dela era modelo, e está dando um dedo para pôr as mãos naquele diário.

HAL
O que eu posso fazer se sou um participante inadvertido desse drama humano?

SHEILA
(Passando o diário a ele.)
Tome, você gosta de literatura...

HAL
Eu realmente não...
(Aceita o diário e fica fascinado com ele.)

SANDY
Ah, vá em frente, Hal. Tenho certeza de que achará gratificantes os detalhes das atividades sexuais dela.

HAL
(Folheando as páginas.)
Bem, talvez para... ahn... ahn...

SANDY
Digamos para qualquer homem vivo com menos de noventa anos.

HAL
Puxa, Sandy, eu só queria que você fosse metade da aventureira que ela é.

SANDY
Sobre o meu cadáver.

HAL
Eu não estou discutindo a nossa vida sexual.

SANDY
Sinto muito se estou decepcionando você.

HAL
Olhe aqui, a gente já falou sobre isso. Só estou dizendo que se você estivesse disposta a experimentar de vez em quando...

SANDY
Se por experimentar você quer dizer fazer um *ménage* com Holly Fox.

HAL
Bem, e qual é a sua ideia de uma experiência?

SANDY
Eu não penso em fazer experiências. Nós estamos fazendo amor, não trabalhando num projeto científico.

SHEILA
A gente sempre lê a respeito daqueles dentistas pervertidos que fazem sexo com as pacientes inconscientes durante tratamentos de canal.

NORMAN
Eu não sou um dentista pervertido. Sou um ortodontista pervertido – você nunca entendeu isso direito. Olha, eu assumo toda a responsabilidade. Se tiver de culpar alguém, culpe a mim.

SHEILA
E quem diabos você acha que eu estou culpando?

DAVID
(Surge do escritório.)
O Tiger Woods acabou de acertar um buraco.

HAL
O Norman também.

DAVID
O jogo está muito emocionante.

SHEILA
Junte-se a nós, David, temos uma coisa para mostrar a você.

DAVID
Pode esperar?

SHEILA
Não sei. É algo muito quente.

JENNY
Pare de ser tão cruel.

SHEILA
Venha se sentar aqui comigo um pouco, David.

HAL
Rápido, Sandy, você está com a nossa câmera de vídeo?

SANDY
Está no carro.

SHEILA
Leia este diário, David. Veja se você reconhece algum dos protagonistas.

DAVID
(Pega o diário.)
O que é isto? O Tiger Woods está prestes a bater um recorde.

NORMAN
Deixe o homem aproveitar o golfe dele. Isso não diz respeito a ele.

HAL
Ah, Norman... ele certamente deve ter algum interesse marginal. *(David lê.)*

SHEILA
O que você acha, David? Está reconhecendo os personagens principais?

HAL
Claro que sim.

DAVID
As pessoas?

SHEILA
Sim, a mulher casada chamada Jenny e o dentista.

DAVID
A mulher casada, Jenny? De onde eu a reconheceria?

SHEILA
Que tal do café da manhã?

DAVID
O que é isto? Alguma obra pornô idiota? Por que eu a leria? Estou vendo o Aberto dos Estados Unidos.

SHEILA
Você é casado com o Aberto dos Estados Unidos.

NORMAN
Jenny...

SHEILA
Norman!

NORMAN
Sheila.

DAVID
O quê? O que eu estou perdendo?

HAL
Posso dar uma dica?

SANDY
Quer ficar de fora?

HAL
Não acredito que ele não está entendendo.

SHEILA
Você está achando coincidência o nome do homem ser Norman e o da mulher ser Jenny?

DAVID
Não... por quê?

SHEILA
O nome da sua mulher é Jenny, o do meu marido, Norman.

DAVID
E daí?

SANDY
Esse cara é médico?

SHEILA
Você está reconhecendo as duas pessoas nesta foto?

NORMAN
Sheila...

HAL
Eu já ouvi falar em negação, mas isso...

DAVID
Sim... este é o seu marido com uma mulher.

SHEILA
Anrã... você está vendo a língua do Norman?

DAVID
Sim.

SHEILA
Onde ela está?

DAVID
Na boca dele.

SHEILA
A outra ponta.

DAVID
Na orelha dessa mulher.

SHEILA
E as mãos dele?

DAVID
(Observa a foto.)
Hmmmm... Norman, isto é algum novo procedimento dentário?

SHEILA
E você não está reconhecendo a mulher?

DAVID
Ela é definitivamente familiar.

SHEILA
Posso dar uma dica?

JENNY
Não aguento mais isso.

SHEILA
Você se lembra de como anos atrás você conheceu uma jovem num jantar e vocês dois se deram bem e começaram a namorar?

DAVID
Sim, e nós dois adorávamos Tolstói, filmes franceses, e velejar... e eu me casei com ela... Jenny... então o que você está querendo dizer? Que a mulher no diário... na foto... se parece com a Jenny?

Que a mulher se parece com a Jenny? Que a mulher se parece com a Jenny? Que a mulher se parece com a Jenny? Que a mulher... que a mulher é a Jenny... é a Jenny... entendi... entendi.

HAL
Eu jamais deixaria esse cara fazer uma cirurgia plástica em mim.

JENNY
Você é tão cruel, Sheila.

DAVID
(Perplexo.)
Esta *é* você... você é ela... ela é você... ela é quem você é...

JENNY
David, tente compreender: afora o sexo, foi algo platônico.

HAL
Qual é o problema aqui? Se ela é capaz de discutir Tolstói, assiste a filmes estrangeiros e também faz tudo isso, você acertou a sorte grande.

SANDY
Você está com uma queda por ela, senti desde o começo.

HAL
Eu só estou dizendo que, além de ter uma esposa culta e boa mãe, é bom poder ir para cama todas as noites com uma verdadeira maluca.

SANDY
Não acredito que estou ouvindo isto.

DAVID
Estou perplexo... estou estupefato. Eu nem sabia... quem é esse cara mesmo?

SHEILA
Norman... Norman... este aqui.

NORMAN
Ah, pare com isso, Sheila. Eu estou tendo um caso com a Jenny.

DAVID
Jenny... uma mulher com o mesmo nome da minha mulher?

SHEILA
O trauma foi forte demais.

DAVID
Um caso amoroso?

HAL
Esse cara é de matar. Que outro tipo de caso poderia ser?

DAVID
Mas isso quer dizer que Norman e Jenny estão dormindo um com o outro.

JENNY
Sim, David, nós dormimos juntos, mas, se serve de consolo, houve muito poucas preliminares.

SHEILA
Parece ser mesmo o Norman.

DAVID
Mas ele é meu cunhado, e ela é minha mulher. E quem são essas pessoas na foto?

SHEILA
Ele pirou.

DAVID
Com licença.
(Sai.)

HAL
Se ele está indo ver o Tiger Woods, é isso que eu chamo de fã do esporte.

SHEILA
É claro que isso significa divórcio.

JENNY
Sheila, eu posso ter traído fisicamente, mas mentalmente eu fui uma irmã leal.

SHEILA
Irmã? Como você se atreve? Você não é mais minha irmã. De agora em diante, o máximo que você pode ser minha é sobrinha.

NORMAN
Sheila, Sheila... como eu posso consertar isso?

SHEILA
O escritório de Rifkin e Abramowitz vão lhe dizer.

DAVID
(Entra com uma espingarda.)
Agora, preparem-se para morrer.

JENNY
David!

NORMAN
Tudo bem, não vamos ficar de brincadeira. Aquilo ali é uma espingarda carregada.

DAVID
Afaste-se, Norman! Afaste-se! Todo mundo nesta sala vai morrer e depois eu vou enfiar o cano na minha boca e apertar o gatilho.

HAL
(Olha para o relógio de pulso.)
Nossa, já são seis da tarde? Temos ingressos para *Mamma Mia*!

DAVID
Não tão rápido, eu disse *todo mundo*.

HAL
Nós só paramos para ver a casa.

JENNY
David, você está com aquela expressão no olhar.

DAVID
Primeiro você e o Norman, depois a Sheila.

SHEILA
Por que eu? Que diabos eu fiz? Eu fui traída como você.

DAVID
Você encontrou o diário.

SHEILA
Ele me mostrou onde estava.

DAVID
Acredite em mim, ele vai também.

SANDY
Nós somos espectadores inocentes.

DAVID
Isso torna a notícia perfeita, não? O casal adúltero, o pobre marido e a pobre mulher... mais dois espectadores perfeitamente inocentes.

HAL
Você é louco.

DAVID
Foi o que disseram sobre o Filho de Sam*.

HAL
Sim... e estavam certos.

JENNY
Ele pirou.

HAL
Mas você não pode *nos* matar... nós não fizemos nada. Eu nunca traí. Eu poderia ter traído e, acredite, eu tentei.

SANDY
Tentou?

HAL
Ora, vamos ser honestos, Sandy, você sabe ser fria.

SANDY
Eu?

* Apelido do serial killer americano que matou seis pessoas e feriu outras tantas em Nova York entre 1976 e 1977. (N.E.)

HAL
É isso mesmo. Ela é o oposto da Jenny. Nunca tenta nada novo.

SANDY
Bom, talvez se você investisse em um pouco de romance de vez em quando, em vez de fazer tudo tão rápido.

HAL
Eu só tento acabar antes da dor de cabeça começar.

DAVID
Calem a boca! Quem deixou eles entrarem?! Foi uma pena que vocês tenham vindo aqui por acaso, mas a vida é assim... cheia de ironias... algumas são agradáveis, algumas bem feias... nunca pensei que a vida fosse um presente... é um fardo... uma sentença... uma punição cruel e incomum... todo mundo fazendo suas orações...
(Todos se abraçam enquanto ele engatilha a arma. De repente, ouvem um barulho, e um homem desce a escada. O homem está amarrado e amordaçado, aparentemente tendo se libertado de uma cadeira. Ainda está com os braços imobilizados, e faz sons abafados e engasgados.)

DAVID
(Notando-o.)
Ah, não...

SHEILA
Ah, Deus.

NORMAN
Eu pensei...

SHEILA
Ah, caramba.

JENNY
Socorro! Socorro!
(Hal e Sandy – um ou ambos correm até o homem e tiram a mordaça.)

DAVID
Não façam isso... não... ah...

MAX
Muito bem... acabou a festa.

SANDY
Quem é você?

JENNY
Quem amarrou ele?

DAVID
Foi o Norman.

SHEILA
Isso acaba conosco.

HAL
O senhor não é o sr. Krolian? Sou Hal Maxwell. Eu lhe vendi esta casa há alguns anos. Sandy, este é Max Krolian...

MAX
(Indicando as cordas.)
Tirem isso de mim.

HAL
(Desamarrando-o.)
O que está acontecendo?

MAX
Esses animais selvagens... eu os criei... e eles se viraram contra mim.

DAVID
Ah, você é um incompetente.

MAX
Eles saíram da minha caneta.

SANDY
O que é isto?

JENNY
O jogo acabou... por que você não lhes diz a verdade?

HAL
O quê?

NORMAN
Ele teve uma ideia para uma peça... que estava escrevendo...

SHEILA
Ele nos inventou.

DAVID
A partir de sua imaginação fértil.

SHEILA
Ele escreveu metade da peça.

MAX
É isso mesmo... e não estava conseguindo descobrir aonde estava indo com ela... não estava fluindo...

DAVID
Ele estava com bloqueio.

MAX
Às vezes uma ideia parece ótima, mas depois de trabalharmos por um tempo, ela simplesmente não vai a lugar algum.

SHEILA
Mas a essa altura era tarde demais. Nós havíamos nascido.

DAVID
Sido inventados.

MAX
Criados. Eu tinha metade de uma peça.

HAL
Você sempre teve talento para criar maravilhosos personagens vivos com problemas fascinantes e excelentes diálogos.

NORMAN
E daí, o que ele fez?

JENNY
Desistiu da ideia.

NORMAN
Jogou a peça meio inacabada na gaveta.

DAVID
É escuro dentro da gaveta.

MAX
O que mais eu poderia fazer? Eu não tinha um final.

DAVID
Eu detestava a maldita gaveta.

SHEILA
Imagine você e a sua mulher dentro de uma gaveta.

NORMAN
É uma droga.

SHEILA
Daí a Jenny teve a ideia de empurrarmos a gaveta e fugirmos para o mundo.

MAX
Eu achei que tinha ouvido a gaveta se abrindo... quando me virei, eles já estavam em cima de mim.

SANDY
O que vocês pensavam em fazer depois de fugir?

SHEILA
A gente esperava descobrir algum jeito de terminar o terceiro ato dele.

NORMAN
Para a gente poder viver todas as noites nos teatros... para sempre.

JENNY
Qual é a alternativa? Ficar inacabado numa gaveta escura?

DAVID
Eu não vou voltar para a gaveta! Eu não vou voltar para a gaveta! Eu não vou...
(Norman dá um tapa no rosto de David.)

MAX
Já pensei muito... não consigo imaginar aonde vai a história.

HAL
Bem, vamos ver o que temos aqui... ela descobre que a irmã está tendo caso com o marido.

MAX
Quem é você?

HAL
Hal Maxwell. Eu vendi...

MAX
O contador?

HAL
Eu sempre quis escrever uma peça.

MAX
Como todo mundo.

HAL
Por que eles estão tendo um caso? Qual é o problema com os casamentos deles?

NORMAN
Eu estou entediado com a Sheila.

SHEILA
Por quê?

NORMAN
Não sei.

MAX
Não pergunte para mim. Eu fui excluído.

HAL

Por que qualquer marido fica entediado em relação à própria mulher? Porque com o tempo eles ficam se conhecendo demais. A excitação diminui... eles estão sempre juntos em casa... eles se veem sem roupas... não há mais mistério... agora ele acha até mesmo a secretária mais sexy... ou a vizinha do lado.

JENNY

Isso não é realista.

HAL

Como você pode saber? Você não é sequer bem-escrita. É muito realista... acontece o tempo todo. Olhe o meu exemplo.

SANDY

Acontece?

HAL

Quer dizer, o frescor do casamento precisa ser trabalhado... se não, o relacionamento fica sem música, e música é tudo.

SANDY

E se o marido já foi romântico um dia, mas gradualmente passa a considerar a mulher como algo garantido? O que costumava ser um relacionamento cheio de surpresas imaginativas e charmosas agora é só uma vida protocolar, com os dois fazendo sexo, mas não amor.

HAL

É difícil considerar isso um conflito inverossímil.

SANDY

Acho que muitas mulheres se identificariam com ele.

HAL

Distante demais.

SHEILA

Eu acho que parece bem plausível.

JENNY

É cru demais.

SANDY
Muito.

DAVID
E você acha que isso tudo pode simplesmente evaporar? Mesmo se algum dia eles se amaram?

MAX
Esta é uma das tristes verdades da existência. Nada neste mundo é permanente. Mesmo os personagens criados pelo grande Shakespeare irão, dentro de milhões de anos, deixar de existir. Quando o universo seguir sua direção, e as luzes se apagarem.

DAVID
Meu Deus, acho que simplesmente vou voltar a assistir ao Tiger Woods. Aos diabos com isso tudo.

NORMAN
É isso mesmo. Qual o significado das coisas se o cosmos se separar e tudo finalmente desaparecer?

JENNY
Por isso é importante ser abraçada e afofada agora... por qualquer um disposto a afofar.

SHEILA
Não tente justificar o fato de ter dado para o meu marido com argumentos existenciais.

HAL
E se você e David também estivessem tendo um caso?

MAX
Eu pensei nisso, mas daí a coisa começa a ficar boba.

JENNY
Mas se tem uma coisa que a vida é, é boba.

DAVID
É verdade. Os filósofos chamam isso de absurdo, mas o que eles realmente querem dizer é que a vida é boba.

MAX
O problema é que isso sugere que todo mundo é infiel, mas isso não é verdade.

HAL
Mas não precisa ser verdade, se é divertido. A arte é diferente da vida.

MAX
A arte é o espelho da vida.

HAL
Por falar em espelhos, eu sempre quis instalar um espelho no teto, acima da nossa cama, mas ela nunca aceitou.

SANDY
Isso é a coisa mais idiota que eu já ouvi.

HAL
É sexy.

SANDY
É adolescente. Eu quero fazer amor, não ficar assistindo a duas imagens da gente tendo relação sexual... desse ponto de vista, só o que vou conseguir ver é o seu traseiro subindo e descendo.

HAL
Por que você sempre ridiculariza as minhas necessidades? Depois não entende por que eu sonho acordado com a Holly Fox.

SANDY
Só não fale sobre a sua ideia do espelho, ela vai cair na gargalhada.

HAL
Se você quer saber, nós já transamos na frente de um espelho.

SANDY
Só nas suas fantasias.

HAL
No nosso banheiro.

SANDY
O quê?

DAVID
Arrá! Essa história é mais interessante do que a nossa.

HAL
Não que eu amasse ela ou que a gente tenha tido um caso ou coisa parecida. Foi uma vez só.

SANDY
Você e Holly Fox?

HAL
Por que você está tão surpresa? Você me acusou disso de brincadeira durante dois anos.

SANDY
Eu estava brincando.

HAL
Brincadeiras não existem. Freud disse isso.

SHEILA
Essa fala é minha.

SANDY
Além disso, você sempre jurou que ela não atraía você.

HAL
É verdade, jurei isso... jurei sobre a Bíblia. Eu sou agnóstico.

NORMAN
Seja razoável, Sandy. Nenhum marido admite ter dormido com outra mulher.

SANDY
Ele acabou de fazer isso.

MAX
Foi por isso que a minha mulher me deixou Foi por isso que comprei a sua casa, para morar sozinho e ficar longe da disputa dos relacionamentos românticos. Eu estava tendo um caso com a mãe da minha mulher.

NORMAN
Meu Deus... por que isso não está na sua história? É ótimo.

MAX
Porque ninguém acreditaria nisso. O pai dela era um astro do cinema... bom, não preciso dizer isso a vocês... ele se divorciou da mãe biológica dela e se casou com a *au pair* deles... de modo que a minha mulher tinha uma mãe dez anos mais jovem do que ela.

JENNY
Uma madrasta.

MAX
Isso é semântica – enquanto isso, eu estava comendo ela.

DAVID
Então você também está traindo o seu sogro.

MAX
Isso não é um problema, porque ele era um fetichista por sapatos que só conseguia se excitar quando a Prada entrava em liquidação.

SHEILA
Isso realmente prejudica a verossimilhança.

MAX
A mãe da minha mulher mantinha um diário. Muito descritivo. Sobre as nossas intimidades... as nossas transas. Detalhes. Nomes. Ela achava isso romântico. Uma noite, a minha mulher disse a ela "Vou para Hamptons amanhã... preciso de um bom livro para ler na praia". Achando que se tratava do seu volume com capa de couro de Henry James, deu a ela por engano o diário com capa de couro. Eu estava com a minha mulher quando ela o leu na beira da praia. Ela sofreu uma transformação... uma transformação física... como aquelas que acontecem quando sai a lua cheia num filme de lobisomem.

HAL
Então foi daí que você tirou a ideia.

NORMAN
O que você fez?

MAX
O que eu podia fazer? Eu neguei tudo.

NORMAN
O que ela fez?

MAX
Tentou se afogar. Correu para o mar, mas tudo o que conseguiu foi ser queimada por uma água-viva. Ficou com os lábios inchados. De repente, com aqueles lábios inchados, ela ficou sexy, e eu voltei a me apaixonar. Claro que quando os lábios desincharam, ela voltou a me deixar irritado.

HAL
Bom, eu *não estava* tendo um caso. A minha história foi um lance de uma vez só. Na nossa festa de ano-novo. Todo mundo estava bebendo no andar de baixo, comemorando... calhou de eu passar pelo banheiro no andar de cima. Holly estava lá dentro e perguntou se tínhamos cotonetes. Entrei para ajudá-la a procurar, fechei a porta e transei com ela.

DAVID
Para que ela queria cotonetes?

JENNY
Qual é a diferença?!

NORMAN
Quem dá a mínima para os malditos cotonetes?

SANDY
Os dois vinham se cuidando fazia meses.

HAL
Isso é projeção pura. Era você que estava de olho no irmão dela.

SANDY
Se você fosse mais perspicaz, saberia que eu não tinha qualquer interesse no Ken Fox.

HAL
Não?

SANDY
Não. Se eu algum dia o tivesse traído, teria sido com Howard Nadleman.

HAL
Nadleman? O corretor imobiliário?

SANDY
Howard Nadleman sabe como fazer uma mulher dar vazão à sua sexualidade.

HAL
O que isso quer dizer?

SANDY
Nada.

HAL
Você teve um caso de uma noite com Howard Nadleman?

SANDY
Não.

HAL
Graças a Deus por isso.

SANDY
Nós tivemos um longo romance.

HAL
Você teve um romance com Howard Nadleman?

SANDY
Sim, tive.

HAL
Não negue.

SANDY
Já que estamos falando abertamente, é melhor eu ser honesta também.

HAL
Há um minuto você disse "se eu algum dia o tivesse traído", sugerindo que você nunca traiu.

SANDY
Eu não posso mais viver essa mentira. Com todo respeito, venho dormindo com Howard Nadleman.

DAVID
Isso, Nadleman!

HAL
Não me faça rir.

SANDY
Eu sempre amei você, Hal... você sabe disso. Mas o que uma pessoa deve fazer quando o romance perde o brilho... quando a paixão se esvai e ela ainda ama e respeita seu marido? Ela o trai.

NORMAN
Era isso que eu estava tentando explicar à Sheila.

HAL
Quantas vezes você dormiu com o Howard?

SANDY
Os números podem mesmo dizer alguma coisa?

HAL
Sim, eu sou contador.

SANDY
Digamos o seguinte: eu não faço análise.

HAL
Você está querendo dizer que... todas as quartas, quintas e sábados...

SANDY
Não existe nenhum doutor Fineglass.

HAL
E eu achava que a sua depressão estava melhorando.

SANDY
E estava.

HAL
Mas cento e sessenta dólares a hora?

SANDY
Era para o hotel.

HAL
Eu paguei durante todo o ano pelos quartos de hotel que você usou com Howard Nadleman, três vezes por semana?

SANDY
Você não achou estranho que eu tivesse o único terapeuta que não tira férias em agosto?

DAVID
No final das contas parece que a vida deles é a farsa, não a nossa.

SHEILA
A farsa ou a tragédia?

NORMAN
Por que tragédia?

SHEILA
É uma situação triste... duas pessoas que devem ter se amado algum dia... e obviamente ainda se amam... mas a excitação inicial se esvai do casamento...

JENNY
Mas ninguém consegue manter aquela excitação do começo.

DAVID
É verdade... nós nos acomodamos... a paixão sexual é substituída por outras coisas... experiências compartilhadas... filhos... instintos animais.

HAL
Você e Nadleman continuam juntos?

SANDY
Não. Lembra que há alguns meses ele teve uma concussão cerebral?

HAL
Sim... ele nunca mais foi o mesmo. Como aconteceu?

SANDY
O espelho do teto em cima da cama caiu na cabeça dele.

HAL
Ah, Deus! Ele, e não eu.

DAVID
Vou dizer por que a situação deles é uma farsa... porque eles são patéticos. Falta dimensão trágica a eles. O que ele é? Um contador? E ela é dona de casa. Isso não é *Hamlet* nem *Medeia*.

HAL
Ah, por favor, não é preciso ser príncipe para sofrer... há milhões de pessoas por aí que são tão torturadas como Hamlet. São Hamlet tomando Prozac.

SANDY
E ciumentas como Medeia.

MAX
Portanto, o que eu posso concluir? Que todo mundo tem seus segredos sombrios, seus desejos, suas luxúrias, suas terríveis necessidades... então, se a vida deve continuar, é preciso perdoar.

NORMAN
E é nesse caminho que deve seguir a nossa peça. Ok, eu momentaneamente me encantei pela sua irmã. Grande coisa. Talvez você deva escrever que Sheila e David um dia passaram uma noite apaixonada juntos... e todos nós descobrimos os nossos patéticos defeitos e perdoamos uns aos outros.

JENNY
Sim. E as pessoas na plateia riem de todos nós e por um instante fogem de suas vidas deprimentes, e nós nos beijamos e fazemos as pazes.

MAX
O perdão... dá dimensão e sentimento a essa pequena farsa sexual.

SHEILA
É isso mesmo. Quem sou eu para julgar os outros e jogar fora anos de proximidade e amor porque meu marido, o dentista, estava metendo a broca na minha irmã?

JENNY
Nós vamos mudar – vamos fazer as pazes. Onde há vida, há esperança.

SANDY
Mas qual a diferença entre perdoar e simplesmente varrer todos os problemas para baixo do tapete?

MAX
Perdoar é muito mais magnânimo... é preciso ser uma pessoa generosa... o perdão é divino.

JENNY
E talvez seja a mesma coisa, mas parece melhor.

MAX
Eu gostei... é engraçado, é triste e, o melhor de tudo, é comercial. Venham. Vamos até o meu estúdio para que eu possa completar o terceiro ato enquanto tudo ainda está fresco na minha cabeça... estou sentindo o meu bloqueio criativo indo embora. A palavra-chave é "comercial"... quer dizer, "perdão"... a palavra-chave é "perdão".
(Sobem a escada juntos. Os Maxwell se entreolham.)

HAL
Não acho que eu possa perdoar você, Sandy.

SANDY
Não. Nem eu a você.

HAL
Não sei por quê. Sei que Max Krolian tem razão. Ele é um dramaturgo profundo.

SANDY
É mais fácil perdoar na ficção... o autor pode manipular a realidade. E, como você diz, Krolian é um artista criativo.

HAL
Eu não acredito que você tenha tido um caso duradouro com Howard Nadleman. Ele provavelmente estava se vingando de mim pela auditoria.

SANDY
Não tinha nada a ver com você. Nem tudo tem a ver com você.

HAL
Eu era um marido assim tão pouco romântico?

SANDY
Com o passar dos anos, você parou de tentar.

HAL
Eu fui desencorajado. Você também começou a me ter como algo garantido.

SANDY
Todos aqueles personagens imaginários podem ser reescritos. Suas vidas, apagadas, recomeçadas. Mas nós dissemos e fizemos coisas que jamais poderão ser apagadas.

HAL
A parte trágica é que eu te amo.

SANDY
E eu te amo, mas é patético, não trágico.

HAL
Se eu pegasse aquela espingarda e matasse nós dois, poderia redimir as nossas infidelidades com um gesto grandioso.

SANDY
Você não faz esse tipo, Hal. Contadores não se suicidam e encontram a redenção. Contadores normalmente apenas desaparecem e ressurgem nas Ilhas Cayman.

HAL
O que você quer fazer?

SANDY
O que nós podemos fazer? Varrer os aspectos dolorosos do relacionamento para baixo do tapete e chamar isso de perdão ou nos divorciar.

HAL
Sandy. Esta sala foi o primeiro lugar em que fizemos amor. Não podemos recomeçar?

SANDY
Recomeços funcionam melhor na ficção.

HAL
Mas toda vida precisa de um pouco de ficção. Realidade demais é uma coisa muito ruim.

SANDY
Talvez agora que tudo está às claras... O que é esse barulho?

HAL
(Vai até a janela.)
Olhe todos aqueles gansos.

SANDY
(Juntando-se a ele.)
Meu Deus... nunca tinha gansos quando morávamos aqui.

HAL
É um símbolo.

SANDY
De quê?

HAL
De um novo começo. De gansos onde nunca houve gansos antes. Hoje foi um dia cheio de símbolos... cheio de escrita, de personagens, de literatura. O poeta que pulsa no peito deste contador saiu e ajudou Max Krolian a escrever um final acolhedor para a peça dele... apenas você e eu continuamos

sem solução, sem decisão e confusos... estávamos procurando por algum sinal... alguma forma de recuperarmos a música no nosso relacionamento, e então, o barulho dos gansos...

SANDY
E você vê isso como um símbolo.

HAL
Não está vendo, Sandy? Não está vendo o que eles estão tentando nos dizer? Você não sabe de uma coisa tão básica a respeito dos gansos? Eles ficam juntos para sempre.

SANDY
Gansos têm casos?

HAL
Se têm, de alguma maneira resolvem as coisas. Está tudo nos desígnios da natureza.

SANDY
Será que meu marido é mesmo um poeta preso no corpo de um contador?
(Barulho de gansos e sobe música.)
Beijo.

FADE OUT

CENTRAL PARK WEST

Apartamento na Central Park West de Phyllis e Sam Riggs. É espaçoso, com madeiras escuras e livros. Os dois moram ali, e é também onde Phyllis exerce a psicanálise. A distribuição das peças permite que o paciente entre pela porta da frente e espere num cômodo privado, depois entre privadamente no consultório para a sua sessão. O que vemos predominantemente é a grande sala de estar e a porta da frente, assim como um conjunto de portas que levam a outros ambientes.

São mais ou menos seis da tarde de um sábado de novembro. Não há ninguém no palco quando ouvimos a campainha tocar e, como não há resposta, alguém batendo na porta. Isso continua ao longo do seguinte diálogo.

CAROL
(Fora do palco.)
Phyllis? Phyllis?
(Phyllis vem da direita do palco completamente vestida. Senta-se na ponta do sofá.)
Phyllis! É a Carol.

PHYLLIS
Estou indo.

CAROL
Você está bem?

PHYLLIS
Nada de detalhes, por favor.

CAROL
Nada de detalhes do quê?

PHYLLIS
Eu *disse* para não falarmos disso.

CAROL
Está todo mundo bem?

PHYLLIS
Todo mundo? Você quer dizer os países de terceiro mundo também?

CAROL
Os países de terceiro mundo?

PHYLLIS
Tipo o Zimbábue?

CAROL
Aconteceu alguma coisa na África?

PHYLLIS
Meu Deus, você é tão literal. É uma praga ser literal. Um desperdício de graça. Todas as minhas piadas e pequenas ironias vão direto pelo ralo.

CAROL
O que está acontecendo?

PHYLLIS
A referência aos países de terceiro mundo é uma piada que tinha o objetivo de aliviar imperceptivelmente a dor desta tragédia humana que estamos enfrentando.

CAROL
Que tragédia?

PHYLLIS
Ora... nem dá para chamar isso de tragédia.

CAROL
Há quanto tempo você está bebendo?

PHYLLIS
Há tempo suficiente para atingir a harmonia com a natureza,

ou, melhor dizendo, um torpor inebriante. Qual é a diferença entre o sushi e a vagina?

CAROL
Phyllis...

PHYLLIS
O arroz. Um dos meus pacientes me contou esta. Não tente desconstruí-la, Carol. É um fenômeno abstrato demais para o seu processo mental. Chama-se humor.

CAROL
Vou fazer um pouco de café.

PHYLLIS
Só se *você* quiser. Estou satisfeita com o meu martíni hiperseco especial... todo gim, e sussurro a palavra "vermute".

CAROL
O que aconteceu?

PHYLLIS
Do que você está me acusando?

CAROL
Qual é a emergência?

PHYLLIS
Que emergência?

CAROL
O recado no meu serviço de mensagens.

PHYLLIS
(Percebendo a roupa de Carol.)
Onde você conseguiu isso?

CAROL
Isso o quê?

PHYLLIS
Isso, querida... o casaco.

CAROL
Este casaco?

PHYLLIS
Agora você entendeu.

CAROL
Você já viu este casaco cem vezes.

PHYLLIS
Vi?

CAROL
Inclusive ontem.

PHYLLIS
Uma das minhas pacientes estava usando um casaco de pele, ok? Feito de muitas peles.

CAROL
Qual é a emergência?

PHYLLIS
E uns fanáticos cheios de espinhas a confrontaram bem na Quinta Avenida. Aqueles que jogam bomba em todos os peleteiros... e começaram a perturbá-la. Daí, alguns dos antivivisseccionistas, ou o que quer que eles sejam, apelaram para a violência física e arrancaram o casaco dela, e ela ficou completamente nua.

CAROL
Como assim?

PHYLLIS
Ela é prostituta. É uma prostituta de luxo, e eu estou tratando dela para a pesquisa do meu livro, e ela estava indo atender um cara que queria que uma mulher batesse em sua porta vestindo um casaco de pele e nada mais por baixo. Então lá estava ela na Quinta Avenida com a rua 57 com seu casaco de pele no chão, e o corpo exposto para toda Nova York ver. Uma miscelânea de pelos. Agora, onde a gente estava?

CAROL
O Sam está bem?

PHYLLIS
Sem detalhes, por favor.

CAROL
Está?

PHYLLIS
Ele está ótimo. A pior ameaça à saúde do Sam em seus cinquenta anos de vida foi um caso de lábios rachados.

CAROL
E os meninos?

PHYLLIS
Estão longe. No sul, na terra do algodão...

CAROL
E está tudo bem com eles na faculdade?

PHYLLIS
Eles não gostam da universidade... e a universidade não gosta deles. Meu Deus, é tanto desgosto que preciso de um drinque. *(Ela serve uma bebida.)*

CAROL
Por que você está tão perturbada?

PHYLLIS
Perturbada? Eu ainda nem reagi. Isso não é nada. Está entendendo? Nada... nothing... zilch... *onde* você comprou este casaco?

CAROL
Na Bloomingdale's. No ano passado.

PHYLLIS
E você usa ele muito?

CAROL
O tempo todo.

PHYLLIS
Qual é o animal?

CAROL
É um bom e velho casaco republicano. Agora, por que você deixou aquele recado histérico?

PHYLLIS
Prefiro não falar sobre isso.

CAROL
Você prefere não falar sobre isso? Recebi um recado frenético e desesperado, emergência, crise... socorro. Liguei dez vezes para você.

PHYLLIS
Foi você?

CAROL
Com certeza.

PHYLLIS
Eu normalmente identifico o seu toque. É trêmulo e hesitante.

CAROL
Onde está o Sam? Qual é o problema?

PHYLLIS
Não quero contar para você.

CAROL
Por que você me ligou?

PHYLLIS
Porque preciso falar com alguém.

CAROL
Então fale.

PHYLLIS
Podemos não falar sobre isso?

CAROL
Phyllis...

PHYLLIS
Não está vendo que eu estou sendo evasiva?

CAROL
Por quê?

PHYLLIS
Sinto muito se eu incomodei você.

CAROL
Você não incomodou.

PHYLLIS
Você e o Howard tinham planos de fazer alguma coisa?

CAROL
Não. Eu estava na Sotheby's.

PHYLLIS
O que você comprou?

CAROL
Nada. Eles estão leiloando cartões de beisebol, e Howard queria vê-los e é o último dia.

PHYLLIS
Então vocês dois tinham planos.

CAROL
Não, o Howard não pôde ir porque hoje era o dia em que ele tinha que levar o pai até Westchester para interná-lo na clínica.

PHYLLIS
Que triste.

CAROL
Ele está com 93 anos. Teve uma boa vida. Ou talvez tenha sido uma vida horrível... mas uma longa vida. E nunca teve nenhum problema de saúde, ou pelo menos era o que pensavam. Só que não sabiam que ele estava tendo uma longa série de derrames silenciosos. Logo ele começou a esquecer das coisas, a ouvir notas musicais. Finalmente, tentou realistar-se no exército.

PHYLLIS
O Howard deve estar arrasado.

CAROL
(Olhando para o relógio.)
Deixei um recado para ele me encontrar aqui. E então, o que está acontecendo?

PHYLLIS
Olha como ela sonda.

CAROL
Pare com isso. Você me ligou.

PHYLLIS
Mas você sempre sonda. Você está sempre atrás de informações.

CAROL
Como eu estou sondando? Você liga e diz que é uma questão de vida ou morte. Eu...

PHYLLIS
(Baixinho.)
Estou com vergonha de contar a você o que aconteceu, Carol.

CAROL
(Percebendo pela primeira vez a estatueta quebrada.)
Eu... a sua estatueta da fertilidade está quebrada... o pênis caiu fora.

PHYLLIS
Tudo bem. É só levar à minha assistência técnica de pênis.

CAROL
Na verdade, o apartamento parece um pouco bagunçado.

PHYLLIS
Nossa, como você é observadora.

CAROL
O que houve, você foi roubada?

PHYLLIS
Por outro lado, eu realmente não notei esse tenebroso casaco de pele da Bloomingdale's nem depois de ser repetidamente exposta a ele. Qual é a cor desse casaco? Castanho?

CAROL
É amarelado.

PHYLLIS
É castanho.

CAROL
Está bem, é castanho.

PHYLLIS
Você jamais deveria usar castanho. Não combina com olhos cor de mel.

CAROL
Eu não tenho olhos cor de mel.

PHYLLIS
Um deles é cor de mel. O que olha para aquele lado.

CAROL
Pare de ser maldosa, Phyllis. Você brigou com o Sam?

PHYLLIS
Não exatamente.

CAROL
Como assim? Meu Deus, isso está parecendo uma extração dentária.

PHYLLIS
Os seus dentes estão ótimos. As jaquetas valeram cada centavo.

CAROL
(Seca.)
Obrigada.

PHYLLIS
Agora, a covinha do queixo, por outro lado...

CAROL
Você não teve uma briga com o Sam?

PHYLLIS
Sim, eu tive...

CAROL
Você disse não exatamente...

PHYLLIS
Não exatamente o quê?

CAROL
Não exatamente uma briga. Eu perguntei se você e o Sam tiveram uma briga, e você disse...

PHYLLIS
Eu briguei, o Sam, não.

CAROL
O que o Sam fez enquanto você estava brigando?

PHYLLIS
Ficou me vendo brigar.

CAROL
E depois?

PHYLLIS
Depois ele se abaixou.

CAROL
Você bateu nele?

PHYLLIS
Eu errei. Atirei a estátua nele, numa tentativa desesperada de me tornar viúva.

CAROL
Meu Deus...

PHYLLIS
Quer mais uma bebida?

CAROL
O que aconteceu?

PHYLLIS
Ah, Carol... Carol... Carol... Carol... Carol, amiga.

CAROL
Acho que vou precisar daquela bebida.

PHYLLIS
Ele me deixou.

CAROL
Ele deixou você?

PHYLLIS
Sim.

CAROL
Como você sabe?

PHYLLIS
Como eu sei? Como eu sei que ele me deixou? Porque ele saiu pela porta com as coisas dele e vai pedir o divórcio.

CAROL
Eu preciso me sentar... as minhas pernas estão bambas.

PHYLLIS
As *suas* pernas estão bambas?

CAROL
Qual foi o motivo que ele deu?

PHYLLIS
Que ele não me ama... não gosta de ficar perto de mim... que fica com falta de ar de se imaginar passando de novo pela triste coreografia de fazer sexo comigo. Esses são os vagos motivos que ele dá, mas acho que só está sendo educado. Na verdade, acho que ele não gosta da minha comida.

CAROL
Que estranho.

PHYLLIS
Bom, para mim foi estranho, mas eu não sou muito perspicaz... sou só uma analista.

CAROL
Ele nunca disse nada... nem deu alguma pista?

PHYLLIS
Nunca disse nada... mas isso foi provavelmente porque ele nunca falava.

CAROL
Bem, Phyllis...

PHYLLIS
Quer dizer, nós conversávamos... não era só "passe o sal", embora isso também surgisse de vez em quando.

CAROL
Vocês devem ter tido conversas em que ele tenha dado alguma indicação...

PHYLLIS
Deixe-me colocar da seguinte maneira: nós dois falávamos, mas ao mesmo tempo. O que estou querendo dizer é que havia dois falantes, mas nenhum ouvinte.

CAROL
Falha na comunicação.

PHYLLIS
Meu Deus, Carol, você vai direto ao cerne das coisas, hein?

CAROL
Bom, isso deveria ter lhe dito alguma coisa.

PHYLLIS
E disse.

CAROL
E então, o que foi?

PHYLLIS
Não sei, eu não estava ouvindo, estava falando.

CAROL
E o sexo começou a diminuir.

PHYLLIS
Como você sabia?

CAROL
Eu não sabia, estou supondo.

PHYLLIS
Bem, não suponha. As pessoas podem parar de se comunicar verbalmente e o sexo continuar sendo incrível.

CAROL
Está bem. Então o sexo estava ótimo.

PHYLLIS
Ótimo? Estava melhor do que ótimo. Eu deixava ele com falta de ar.

CAROL
Em algum ponto do caminho, a sedução desaparece, mas isso é só porque algo mais profundo já foi embora. Ou é o contrário? O sexo vai embora, e então tudo o mais perde o brilho. A questão é: tudo é efêmero.

PHYLLIS
É, Carol?

CAROL
Ah, eu não sei, você está perguntando à pessoa errada.

PHYLLIS
Eu não lembro de ter perguntado.

CAROL
Então ele não disse nada além de que estava indo embora?

PHYLLIS
Tipo o quê?

CAROL
Qualquer coisa.

PHYLLIS
Ah, sim, ele disse que, muito embora não fizesse parte do nosso acordo pré-nupcial, ele continuaria pagando pela entrega do meu *Times* dominical.

CAROL
Mas ele não disse aonde estava indo?

PHYLLIS
(Alguma coisa acontece.)
Estou começando a reagir.

CAROL
Phyllis, você já estava reagindo...

PHYLLIS
Não. Reagir seria se eu pegasse todos esses documentos importantes, todo o trabalho de que ele ainda precisa e fizesse isso.
(Ela rasga os papéis.)
Isso seria reagir, mas eu não sou uma pessoa rancorosa, não sou vingativa, sou generosa e madura.

CAROL
Calma!
(Phyllis vai até a maleta de Sam sobre a mesa de centro. Vira-a de cabeça para baixo, derrubando todo o conteúdo, e atira a maleta para o outro lado do palco.)

PHYLLIS
(Enquanto rasga documentos espalhados.)
Estávamos falando em reformar a casa em Amagansett. Eu disse nós não mexemos nela desde que compramos... eu disse vamos contratar o arquiteto do Paul e da Cindy e reformar tudo... ele disse Phyllis, eu quero conversar com você... eu disse a casa é tão bem localizada na baía, e vivemos épocas tão felizes lá... ele disse Phyllis, eu não sei como lhe dizer isso, mas eu quero ir embora... eu não ouvi... era uma daquelas conversas em que ninguém ouve... eu disse nós sempre quisemos janelas panorâmicas e um banheiro maior... ele disse Phyllis, estou indo embora.. e eu disse com um daqueles chuveiros com muitos

esguichos que molham a gente por todos os lados... e ele me segurou e disse Phyllis eu não amo mais você... eu quero uma vida nova... quero ir embora, quero ir embora, *quero ir embora!* E eu disse de que cor a gente devia pintar o quarto de hóspedes?

CAROL
O que ele disse?

PHYLLIS
Ele não disse nada. Começou a me sacudir pelo pescoço e, depois de três minutos sendo sacudida, comecei a perceber que ele estava tentando me dizer alguma coisa.

CAROL
O que exatamente ele disse?

PHYLLIS
Ele disse estou apaixonado por outra mulher.
(Carol tosse e quase se engasga com a bebida.)

PHYLLIS
Você está bem? Ou preciso fazer a manobra Heimlich para desobstrução das vias aéreas?

CAROL
Ele disse quem é ela?

PHYLLIS
Eu tenho uma paciente que se engasgou com uma espinha de peixe no Le Bernardin, e um estranho veio por trás e fez a Manobra Heimlich, e ela ficou excitada... agora, sempre que janta, ela se engasga.

CAROL
Ele disse por quem ele estava deixando você?

PHYLLIS
Por que você está parecendo tão desconfortável?

CAROL
Eu não estou desconfortável... embora esteja começando a sentir o efeito da bebida.

PHYLLIS
No começo, pensei que fosse Anne Dreyfuss.

CAROL
Anne Dreyfuss? A decoradora?

PHYLLIS
Ela gosta de todas as coisas que ele gosta. Barcos, mato, esquiar...

CAROL
Ele jamais teria algo com a Anne Dreyfuss.

PHYLLIS
Como *você* sabe?

CAROL
Como assim, como eu sei? Eu também conheço o Sam.

PHYLLIS
Não tão bem como eu.

CAROL
Eu não disse isso. Quer dizer, nós somos amigos há anos.

PHYLLIS
Há quantos anos?

CAROL
Cinco... quase seis. O que isso tem a ver? Não consigo imaginar o Sam com a Anne Dreyfuss. Ela é uma resmungona... com uma personalidade muito chata e, se posso dizer, magra demais.

PHYLLIS
Eu também pensei que pudesse ser a Nonny, a garota do escritório de advocacia dele. Ela é sócia agora...

CAROL
Eu não conheço a Nonny... como ela é?

PHYLLIS
Cheinha e bonitinha. Com uns dentes para frente de um jeito erótico. Mas não é a Nonny.

CAROL

A questão é que você evidentemente não sabe por quem ele foi embora.

PHYLLIS

A questão é que eu sei. Ou pelo menos acho que descobri.

CAROL

Sabe, eu realmente não estou me sentindo bem.

PHYLLIS

Nossa, você está pálida... pálida ou castanha.

CAROL

Eu não posso beber, fico enjoada.

PHYLLIS

Você provavelmente está mareada, de tanto se contorcer.

CAROL

Estou repugnada.

PHYLLIS

Repugnante?

CAROL

Repugnada.

PHYLLIS

(Sai para pegar um remédio.)

Talvez eu tenha supositórios de proclorperazina, mas não tenho certeza se são extragrandes.

CAROL

(Sozinha, pega secretamente o telefone e disca.)

Alô? B18 – algum recado? ...sim... Howard... a que horas?... Está bem. Mais alguma coisa?

(Tensa e interessada.)

Sim? Ele disse em que número estaria? A que horas? Está bem, está bem...

(Desliga.)

PHYLLIS
(Vindo da esquerda do palco.)
Encontrei esta sacola da Bergdorf. Então, se você vomitar de repente, será num ambiente conhecido. Para quem você ligou?

CAROL
Liguei?

PHYLLIS
Sim, no instante em que eu saí da sala você correu para o aparelho como se estivesse indo atrás do Cary Grant.

CAROL
Olha, eu gosto de conferir o meu serviço de recados porque o Howard teve um dia ruim...

PHYLLIS
Podemos voltar a falar sobre por quem meu marido me deixou?

CAROL
Talvez se eu tomasse um pouco de café.

PHYLLIS
Eu descobri por quem foi.

CAROL
Não é da minha conta.

PHYLLIS
Claro que é...

CAROL
Não é... sinto muito que tenha acontecido... estou zonza.

PHYLLIS
Sabe quem é?

CAROL
Por favor, Phyllis.

PHYLLIS
É você, sua vaca!

CAROL
Ah, a paranoia completa!

PHYLLIS
Não me venha com essa, querida... ele vem metendo em você há provavelmente mais tempo do que eu imagino.

CAROL
Você está doida... fale sério.

PHYLLIS
Você vai ter que falar a verdade de qualquer maneira. Se quiser ficar com ele. É um belo incentivo para o Howard. Primeiro, o pai largado num depósito de velhos, depois, uma cartinha de adeus da mulherzinha.

CAROL
Sabe, estou tão tonta que não consigo nem reagir direito.

PHYLLIS
Você está tendo um caso com o Sam?

CAROL
Não.

PHYLLIS
Só me diga.

CAROL
Não.

PHYLLIS
Eu só quero a verdade.

CAROL
Não tenho – você é tão desagradável.

PHYLLIS
Eu descobri tudo, sua vagabunda. Vocês vêm se telefonando, vêm se encontrando secretamente, viajando juntos...

CAROL
Eu não vou ficar sentada aqui sendo acusada...

(Ela se levanta, mas, ainda zonza, senta-se novamente.)

PHYLLIS
Agora, *depois* do fato... eu me lembro de tantas coisas óbvias... os olhares por cima da mesa... a vez em que vocês dois se perderam juntos na Normandia. Howard e eu ficamos procurando por vocês durante duas horas... e a noite em que você comeu aqui, e Sam desceu para botar você num táxi... fiquei sentada na cama por uma hora e meia porque ele resolveu levar você em casa a pé... sabe, enquanto falo, estou me dando conta de que três anos atrás... três porras de anos atrás... você e o Sam ficaram em Nova York durante uma semana com o Howard em Los Angeles e eu numa convenção na Filadélfia... faz três anos ou a coisa vem acontecendo há ainda mais tempo?

CAROL
Não sou eu!

PHYLLIS
Eu encontrei a agenda Filofax dele. Você está por tudo!

CAROL
(Levanta-se, grita e chora.)
O que você quer que eu faça? Nós nos apaixonamos! Você é tão agressiva!

PHYLLIS
Mmmmmeu Deus!

CAROL
Agressiva! Agressiva! Nós nos apaixonamos... ninguém planejou isso... ninguém queria magoar ninguém.

PHYLLIS
Eu sabia. Desde a noite em que conhecemos vocês dois nos Hamptons. Eu disse ela é um problema... é uma criatura problemática... ela exala problemas... tem neurose saindo de cada poro.

CAROL
Este caso só tem nos causado angústia e dor.

PHYLLIS
Sem falar nos orgasmos ocasionais.

CAROL
Não banalize... não é como você pensa.

PHYLLIS
Eu disse isso naquela primeira noite, enquanto íamos para casa... ele parece legal... um pouco perdido, mas bom... mas ela é *borderline* e carnívora.

CAROL
Pare de julgar tanto... você sabe do seu trabalho que essas coisas acontecem... é a natureza... é como a luz... duas pessoas se encontram... uma fagulha se acende e, de repente, surge uma vida própria.

PHYLLIS
Você está descrevendo Frankenstein.

CAROL
É sério, Phyllis.

PHYLLIS
Há quanto tempo isso vinha acontecendo? Há três anos? Mais? Quatro? Cinco?

CAROL
Não faz nem três.

PHYLLIS
Então dois? Há dois anos vocês dois vêm se escondendo pela cidade feito cachorros no cio?

CAROL
Nós não andamos nos escondendo pela cidade. Nós temos um apartamento.

PHYLLIS
Um apartamento? Onde?

CAROL
Perto da Rua Cinquenta Leste...

PHYLLIS
De que tamanho?

CAROL
Pequeno...

PHYLLIS
O quê?

CAROL
Três quartos.

PHYLLIS
Alugado?

CAROL
Para de ser esnobe – estamos tentando nos comunicar...

PHYLLIS
Para que vocês precisam de três quatros? Você recebem gente?

CAROL
Nunca. Nunca. Eu juro. É só um lugar para a gente ir, ficar sozinho... para relaxar... para... para... para conversar.

PHYLLIS
Para conversar... para trocar ideias. Para trocar fluidos.

CAROL
Nós estamos apaixonados, Phyllis... ah, Deus... nunca pensei que eu diria isso... é... é tudo... sim, tem o sexo, mas é mais... nós compartilhamos sentimentos e sonhos.

PHYLLIS
Por que deixei você entrar na minha vida?... eu sempre soube que você daria para uma cobra, se ela levantasse a cabeça.

CAROL
Phyllis, o que você quer que eu diga? Há anos ele deixou de amar você. Não sei por quê. Certamente não por minha causa. Vocês dois já tinham acabado na cabeça dele antes dele me dizer qualquer coisa.

PHYLLIS
Como ele fez pela primeira vez?

CAROL
Fez o quê?

PHYLLIS
Quando? Em que noite?

CAROL
Que diferença isso faz?

PHYLLIS
Você está tergiversando – eu quero respostas.

CAROL
Festa de ano-novo na casa do Lou Stein.

PHYLLIS
Ah, meu Deus... isso foi em 1990.

CAROL
91... ahn, 90, certo...

PHYLLIS
E o que aconteceu? Quem pegou quem primeiro?

CAROL
Não foi isso. Ele se aproximou de mim... eu estava vendo os fogos de artifício... e sussurrou no meu ouvido... você pode almoçar comigo na semana que vem sem dizer nada à Phyllis? Bem, como você pode imaginar, eu fiquei um pouco surpresa.

PHYLLIS
Tenho certeza que sim. Você provavelmente ficou lubrificada.

CAROL
Eu perguntei por quê? Ele disse: preciso da sua ajuda com uma coisa.

PHYLLIS
E onde eu estava enquanto essa baboseira adolescente estava acontecendo?

CAROL
Você tinha arrastado um grupo contra a vontade até o terraço para ver os fogos de artifício sob a temperatura de quinze graus negativos. E Howard estava na cozinha pegando a receita de baba ghanoush dos Stein.

PHYLLIS
É... eu me lembro... o seu marido tinha acabado de se inscrever num curso de culinária, e estávamos todos muito orgulhosos dele.

CAROL
E eu perguntei que tipo de ajuda? Com o quê? E Sam respondeu o aniversário de Phyllis está chegando, e eu quero que você me ajude a comprar alguma coisa para ela, mas precisa ser algo especial.

PHYLLIS
E foi, minha gente.

CAROL
Assim, na quinta seguinte nós almoçamos no clube e trocamos algumas ideias de presentes. Depois do almoço, fomos para as compras... lembro de irmos à Bergdorf, à Tiffany, à James Robinson e, finalmente, a uma pequena e velha loja de antiguidades na Primeira Avenida, onde encontramos um impressionante par de brincos *art déco*... diamantes com minúsculos rubis...

PHYLLIS
Eu sei quais são os brincos. Já os vi em você.

CAROL
Bom, eu fiquei estupefata. Ele comprou, nós saímos para a rua e ele me deu a caixa e disse: tome, eu quero muito você.

PHYLLIS
E o que você disse?

CAROL
Eu disse, Opa... espere aí... nós viemos comprar um presente de aniversário para a Phyllis... se eu aceitar esses brincos, nós temos que, no mínimo, comprar *alguma coisa* para ela.

PHYLLIS
Obrigada, você é uma fofa. E assim eu acabei com aqueles malditos castiçais de prata.

CAROL
Eles custaram uma fortuna.

PHYLLIS
São castiçais de velha. São algo que a gente dá para a srta. Havisham! E é claro que você nunca pensou em dizer: Phyllis é sua mulher, eu sou amiga dela.

CAROL
Posso dizer por que não?

PHYLLIS
Eu sei por que não, sua vadiazinha, porque você estava com esses olhos predatórios em cima do Sam desde o instante em que o conheceu.

CAROL
Nem tanto.

PHYLLIS
Não me venha com isso... você nos conheceu, deu uma olhada para ele e começou a esfregar as mãos uma na outra e a salivar porque ele trabalha num escritório de advocacia ligado ao *show business*, está em forma e tem músculos e, comparado com aquele marido enrugado, emasculado e com cara de bode que você tem, o Sam deve parecer a resposta às preces de uma feiosa.

CAROL
Ele não suportava mais ficar casado com você, e me disse isso durante o almoço. *Ele* começou o relacionamento. *Ele* babava por mim. Ele me olhou nos olhos durante o almoço e lacrimejou. Eu não estou feliz, ele disse.

PHYLLIS
Sam lacrimejou? O suporte atlético dele estava apertado demais?

CAROL
Desde que Howard e eu conhecemos você e Sam, eu soube que ele era infeliz. Aquela mulher não faz ele feliz... eu disse isso a Howard na noite em que conhecemos vocês.

PHYLLIS
Posso imaginar como foi em casa... você escovando seus antigos dentes... O Howard vestindo a camisola e o gorro de dormir... discutindo as vantagens que você tinha... planejando a sua pequena ascensão social...

CAROL
Ela pode ser uma terapeuta brilhante e o centro de qualquer conversa com alguma nova variação sobre como ela é incrível... mas não é mulher o bastante para ele... não está presente para guiá-lo... para levar café para ele...

PHYLLIS
Pode me passar o saquinho de vômito?

CAROL
O Sam sofria uma hostilidade tremenda... mas agora você sabe disso.

PHYLLIS
Só a ideia de você e o Sam falando sobre mim enquanto tomavam drinques ou fumavam um Marlboro depois do sexo...

CAROL
Nós tentamos terminar tudo várias vezes, mas não conseguimos.

PHYLLIS
Tenho certeza de que tentaram. Mas eu conheço o Sam: quando a contagem daquele velho esperma subia, você recebia o telefonema "Corra para cá, querida, quero dar uma e reclamar da minha mulher".

CAROL
Não era assim. Nós conversávamos mais do que fazíamos amor.

PHYLLIS
Sobre o quê? Mmmeu Deus! Que tipo de assunto ele encontrava

para conversar com você? Ele é um machão... que diabos você encontrava para falar com ele além de mim? A sua celulite? As plásticas nos olhos e os *liftings* do rosto? Compras? O seu *personal trainer*? A sua nutricionista? Ou você simplesmente se deitava nos ombros dele e ria da ironia da terapeuta que era capaz de ver os problemas de todo mundo menos os dela?

CAROL
Eu não fiz nada errado. O seu marido deixou de amar você antes de me conhecer.

PHYLLIS
Mentira!

CAROL
E isso estava claro para todos os nossos amigos...

PHYLLIS
Eles não são *nossos* amigos. São *meus* amigos, e eu apresentei você a eles... feito uma idiota. Você conheceu todos através de mim.

CAROL
E todos sabiam que você e o Sam eram uma piada como casal.

PHYLLIS
Mentira.

CAROL
Acredite em mim, eu não seduzi o Sam. Ele aprontou bastante até eu entrar em cena.

PHYLLIS
Impossível!

CAROL
Encare a realidade!

PHYLLIS
Eu não estou interessada nas suas fantasias.

CAROL
Pergunte a Edith Moss e à secretária do Steve Pollack...

PHYLLIS
Mentirosa! Vagabunda! Você é a maior puta americana! Deviam botar o seu diafragma no Smithsonian.

CAROL
Não bote a culpa toda em mim! Não fui eu quem transformou o seu marido num namorador.

PHYLLIS
Vagabunda, vadia, prostituta...

CAROL
Você é tão falsa... fingindo que o seu casamento era perfeito... você era motivo de chacota.

PHYLLIS
Eu amava o Sam, e fui uma excelente esposa.

CAROL
Aconteceu de nos apaixonarmos... mas antes dele me conhecer, ele estava pegando várias das suas amigas mais próximas e ricas... inclusive Madelaine Cohen, que, sendo ela também uma terapeuta, provavelmente dissecou você com muito mais discernimento do que eu sou capaz.

PHYLLIS
A Madelaine Cohen é uma freudiana ortodoxa e de barba!
(A campainha toca. Phyllis atende. É Howard.)

HOWARD
Que dia... nossa... preciso de uma bebida.

PHYLLIS
Howard, adivinhe!

CAROL
Você quer ficar quieta?

HOWARD
(Servindo-se de uma bebida.)
Você olha para eles naquela clínica e se dá conta de que tudo se resume a... a aquilo... a aquilo. Meu Deus. Qual é o sentido de qualquer coisa, se tudo termina daquele jeito?...

PHYLLIS
O que a Carol tem para contar pode alegrar você.

CAROL
Quer parar com isso? Ela está bêbada, Howard.

HOWARD
Eu quero ficar bem bêbado hoje à noite. Meu Deus, Carol... lá estava o meu pai, que foi um homem forte e viril... ele me levava a jogos de beisebol.

PHYLLIS
Diga a ele, Carol. Ele precisa se animar.

HOWARD
Uma pobre velha senhora, de 91 anos, foi cantora... ela se senta ao piano... é uma anciã... arfa, tenta vencer um refrão de "You're the Cream in My Coffee"... os outros ficando olhando fixamente... ouve-se alguns aplausos superficiais... e aqueles mortos-vivos ficam sentados apaticamente diante da TV comunitária com as roupas todas manchadas de comida...

PHYLLIS
Espero que tenha feito uma reserva para todos nós...

HOWARD
Eu não posso suportar! É demais!

CAROL
Tome a sua bebida.

HOWARD
Duas pessoas envelhecem juntas... como a minha mãe e o meu pai... nós entramos em decadência... um dos dois se rende mais rapidamente... o outro assiste... depois de anos juntos... de repente você está sozinho.

PHYLLIS
Talvez não aconteça exatamente assim com você, Howard...

HOWARD
Não...
(Fala consigo mesmo.)
Talvez não.

PHYLLIS
Diga a ele, Carol...

HOWARD
Dizer o quê? O que está acontecendo? Por que você está tão bêbada tão cedo? E que diabos aconteceu aqui?
(Nota a bagunça pela primeira vez.)

CAROL
Howard, tem algo que precisamos discutir...

HOWARD
O que é?

CAROL
Não sei se é o lugar e o momento certo.

PHYLLIS
Howard, a Carol vai deixar você.

CAROL
Quer fazer o favor?...

HOWARD
Não entendi.

PHYLLIS
Ela vai deixar você. Vai embora com outro homem.

HOWARD
Como assim?

PHYLLIS
Assim, você dançou... acabou a mulherzinha... ela está dando para o meu marido há três anos e vai ficar com ele.

CAROL
(Para Phyllis.)
Você é detestável.

PHYLLIS
Estou mentindo? Feche a boca, Howard.

HOWARD
Isso é verdade, Carol?

CAROL
Sam e eu nos apaixonamos... não queríamos magoar ninguém.

HOWARD
(Sentando-se lentamente.)
N-não... claro que não.

PHYLLIS
Meu Deus, você não vai ficar bravo?

HOWARD
Para quê? Isso não vai desfazer as coisas.

PHYLLIS
Há um momento para ser racional, e um momento para perder as estribeiras... eu deixo as facas de carne na cozinha.

HOWARD
(Sem compreender.)
Mas você nunca dizia nada de bom sobre o Sam.

PHYLLIS
Ela estava enganando você, Howard.

CAROL
Quer calar a boca? Você fica em volta fazendo observações rancorosas... as coisas já estão suficientemente ruins.

HOWARD
(Simplesmente.)
Ela sempre teve tanta inveja de você, Phyllis...

PHYLLIS
Bem, ela certamente se vingou.

HOWARD
O Sam era meu amigo...

CAROL
Como pode dizer que eu tinha inveja dela? Como assim, eu tinha inveja?

HOWARD
Era mais do que inveja. Era uma verdadeira obsessão.

CAROL
Você está sonhando, Howard.

HOWARD
Eu sou um escritor, Carol. Sei reconhecer uma obsessão.

CAROL
Você é um escritor fracassado, Howard. A julgar pelos personagens que cria, você sequer devia ser escritor. Devia estar trabalhando com papelão.

HOWARD
E estou dizendo que você tinha obsessão por tudo que tivesse a ver com a Phyllis.

CAROL
Eu não tinha, caramba!

PHYLLIS
Crianças, não vamos brigar.

HOWARD
Pelo amor de Deus, Carol, você achava que ela era uma artista. Você pensou em voltar a estudar para fazer psiquiatria.

PHYLLIS
Finalmente a verdade vem à tona... um caso de idolatria.

CAROL
Pare de beber, Howard, você está pior do que eu.

HOWARD
Eu sei beber. É você quem dá show... ela costumava se vestir como você, lembra? E queria cortar os cabelos.

PHYLLIS
Isso está positivamente ficando mórbido.

CAROL
Eu sempre tive fascinação por psicologia. Foi minha formação secundária na faculdade.

HOWARD
A sua formação secundária foi em história.

PHYLLIS
Eu achava que tinha sido em arte.

CAROL
A minha formação principal foi em história da arte.

HOWARD
Ela gosta de dizer que não se encontrou.

PHYLLIS
Ela tentou procurar no viveiro de cobras?

CAROL
(Explicando racionalmente.)
Houve um período em que você me impressionava muito.

HOWARD
E ela falou em virar terapeuta.

PHYLLIS
Felizmente é preciso ter licença...

HOWARD
Ela queria combinar a terapia com ioga... uma psicoterapia combinada com religião oriental. Uma terapia holística, zen, de sonhos acordados, combinada com religião oriental.

PHYLLIS
Como você iria curar os seus pacientes? Mergulhando eles no Ganges?

CAROL
Tudo bem. Tirem sarro.

HOWARD
E durante um tempo ela se vestiu como você. Encomendou

todas aquelas saias e blusas simples... lembro de, em mais de uma ocasião, você rejeitar uma roupa dizendo que Phyllis Riggs jamais vestiria algo parecido.

CAROL
Ele está inventando isso. Howard, o seu pai está morrendo, não desconte em mim.

HOWARD
A Carol sempre teve um problema de identidade. Ela não sabe o que ela é. Ou melhor, sabe quem é e está desesperadamente tentando encontrar outra pessoa para ser... e quem pode culpá-la por isso?

CAROL
Tudo bem. Acalme-se. Acho que passou da hora dos seus remédios. As oscilações de humor do Howard estão piorando. Ele não gosta que saibam disso.

HOWARD
Não mude de assunto.

CAROL
Foi isso que eu tive de aguentar durante todos esses anos, picos maníacos e depressões. Nós recentemente tentamos entrar para a Sociedade Hemlock*, mas ele foi rejeitado.

PHYLLIS
Rejeitado pela Sociedade Hemlock? Eu me mataria.

CAROL
Não diga isso. Você nunca viu ele numa crise de pânico cobiçando as sacolas plásticas no armário da cozinha.

HOWARD
Eu não vou acabar numa daquelas clínicas, posso garantir.

CAROL
E daí, tão rápido quanto, ele fica feliz... feliz demais.

---

* Organização norte-americana sem fins lucrativos especializada em pacientes terminais e assistência à morte. (N.E.)

HOWARD
Fique quieta, Carol.

CAROL
Meu Deus... se você acha que eu compro demais... quando o Howard entra numa fase maníaca... ele se hospeda no Plaza e faz todos os tipos de gastos... champanhe e caviar e coisas que ele nunca vai vestir... e grandes planos e tramas grandiosas... e a única coisa capaz de surtir efeito é a eletricidade. Esse homem precisa da sua voltagem como nós precisamos do nosso colágeno. E me implora para esconder isso.

HOWARD
Pelo menos eu tenho uma identidade. Sou o Howard, que é maníaco-depressivo. A Carol quer ser você, Phyllis, mas você já existe.

PHYLLIS
Então ela rouba o meu marido.

HOWARD
Não é só com você. Ela se identifica com uma porção de gente.

CAROL
Eu não roubei o seu marido. Ele veio atrás de mim.

HOWARD
A verdadeira crise de identidade dela foi com a professora de arte da faculdade.

CAROL
Vamos parar com esse assunto agora. Acho que devíamos ir para casa.

HOWARD
Para casa? Não temos mais casa.

PHYLLIS
E a professora de arte?

CAROL
Howard, eu estou avisando...

HOWARD
Já que estamos falando abertamente, você pode muito bem saber que, quando nos conhecemos, a Carol tinha uma professora de arte... uma mulher brilhante. Não com a sua reputação, mas bastante impressionante.

CAROL
Howard, eu não vou ficar aqui enquanto você conta essa história.

HOWARD
E a Carol passou a idolatrar essa professora e se identificar com ela.

CAROL
Fique quieto! Fique quieto!

HOWARD
(Sacudindo Carol.)
Quer calar a boca!?

CAROL
Não se atreva a me agredir!

PHYLLIS
Howard, você é temperamental. Quem diria isso de um homem que deu o nome de Dorothy ao seu peixinho dourado?

HOWARD
Ela se identificava com a professora Kanin tanto quanto se identificava com você... imitava o guarda-roupa dela... trançava os cabelos, imitava os maneirismos... refletia todos os gostos dela... e como a professora Kanin tinha um filho pequeno, Carol resolveu que queria ser mãe.

CAROL
Não me importo que você conte essa história, pois sou capaz de manter a minha cabeça erguida.

HOWARD
E então ela implorou para que eu a engravidasse... o que eu fiz...

CAROL
Com algum esforço, querido... não deixe mencionar a parte

sobre a impotência repentina. O mesmo que tentar enfiar uma ostra num parquímetro.

HOWARD
Não que eu quisesse um filho... nem a Carol, no fundo.

CAROL
Você nunca soube como eu realmente me sentia a respeito de nada.

HOWARD
Mas de que outra maneira se tornar a professora Kanin, o ídolo do dia?

CAROL
Você não conseguia me engravidar... é esta a história que você quer contar? Porque esta que é a verdade.

HOWARD
Ela foi a um especialista em fertilidade... e de vez em quando eu precisava me masturbar num pote de exame...

PHYLLIS
Meu Deus, que mira você devia ter.

HOWARD
Para que ela pudesse correr com ele num táxi e, enquanto o esperma ainda estivesse fresco e agitado...

CAROL
O seu esperma não se agitava, Howard, ele apenas vagava por aí sem propósito...

HOWARD
Para encurtar a história: a ciência conseguiu fazer sua mágica, e ela engravidou. Seu sonho ia se tornar realidade. Em nove meses, ela seria exatamente como a professora Kanin... com suas saias Laura Ashley e as bijuterias astecas... formada em arte, mãe, tudo o mais... ela não precisaria continuar sendo aquela pouco invejável Carol.

PHYLLIS
Já estou vendo aonde isso vai chegar. Ela amarelou... foi até um aborteiro louco e ilegal que por engano operou o rosto dela, e é por isso que ela tem essa aparência.

HOWARD
Amarelar foi exatamente o que ela fez, só que no oitavo mês. De repente, não queria mais ser mãe.

CAROL
(Baixinho.)
Não... eu não queria.

HOWARD
A ficha caiu, e ela disse a si mesma ei, uma coisa é ter fantasias de identificação... mas eu não sou a professora Kanin e não quero um filho.

CAROL
Por que você está fazendo isso?

HOWARD
Para encurtar a história, ela deu à luz um menininho de quase quatro quilos que era bem bonitinho, considerando-se que ele se parecia com o ator de cinema Broderick Crawford... mas você sabe que todos se parecem com velhos. Quero dizer, eles são carecas... e eu me apeguei a ele nos primeiros dias... mas ora se ela não o deu. Insistiu em dá-lo para adoção...

PHYLLIS
E você ficou parado e deixou ela fazer isso... você provavelmente foi muito razoável e bem-educado.

HOWARD
Eu lembro muito claramente... no dia em que demos ele, eu pensei: ei, se eu pegar um daqueles sacos que mantêm os sanduíches frescos e puser na cabeça, a sensação deve ser boa.

PHYLLIS
Bem, vocês dois formam um casal encantador, e se houvesse um Oscar especial para seres humanos mentecaptos, vocês

receberiam o meu voto. E agora... eu vou ao banheiro e quero os dois fora da minha casa quando eu voltar.
(Phyllis sai pela esquerda do palco.)

HOWARD
Então acho que está tudo acabado entre nós. Depois de todos esses anos.

CAROL
Acho que nunca deveria ter começado.

HOWARD
Por que você está dizendo isso, Carol? Certamente começamos bem... os primeiros dias foram bem bons.

CAROL
Não. Foi culpa minha. Você estaria muito melhor se tivesse se casado com aquela, como era mesmo o nome dela? Ida... Ida...

HOWARD
Rondilino...

CAROL
Rondilino. Eu não devia ter tirado você dela... mas eu queria me casar com uma alma criativa... um escritor...

HOWARD
Você não me tirou da Ida. Eu vi você e fui atrás.

CAROL
Isto é o que *você* pensa... na noite em que todos saímos em casais, e eu resolvi que queria me casar com você, você estava no papo.

HOWARD
Pobre Ida.

CAROL
A Ida era insípida. Mas mais de acordo com você do que eu. Nós nos desapontamos demais.

HOWARD
Você já tinha me traído antes do seu caso com o Sam?

CAROL
Não... sim, uma vez. Com o meu dentista.

HOWARD
Ah, Carol.

CAROL
Sabia que ele me cobrou por uma obturação a mais?

HOWARD
Quem mais?

CAROL
Ninguém... Jay Roland.

HOWARD
O meu colaborador?

CAROL
Ah, Howard, ele era um escritor muito ruim... mas aquele rabo de cavalo era sexy.

HOWARD
Você dormiu com o meu parceiro?

CAROL
Uma vez. Você estava no hospital recebendo tratamento de choque, e ficamos muito preocupados com você, mas não sabíamos como expressar essa preocupação.

HOWARD
Quem mais?

CAROL
Ninguém... foi isso... foi isso. Foram aqueles anos... quinze duros anos... sem nunca ter a coragem de ir embora... apostando equivocadamente que toda aquela instabilidade mental era um sinal inequívoco de genialidade literária, quando na verdade era apenas uma simples demência.

HOWARD
Onde você vai morar?

CAROL
O Sam falou em Londres.

HOWARD
Eu não quero que você vá embora, Carol.

CAROL
Como eu posso não ir embora, Howard? Eu me envolvi com alguém que tem um significado para mim... um significado real... há sentimento... há paixão.

HOWARD
Sou um sujeito que não consegue ficar sozinho, Carol.

CAROL
Você vai superar tudo. Howard, tente entender, estou com quase cinquenta anos... quantas chances mais eu vou ter? Deixe-me ir embora sem culpa.

HOWARD
Mas eu estou com medo...

CAROL
Estou vendo que isso desencadeou uma das suas depressões... isso e a internação do seu pai numa clínica. Por que não ligamos para o doutor Carr... talvez seja um bom momento para se internar e tomar uns choques na cabeça.
(Ela percebe que Howard tirou uma pistola do bolso.)
Howard... o que você está fazendo?

HOWARD
Acho que a vida é um buraco negro.

CAROL
Ah, meu Deus! Howard... não!

HOWARD
É insuportável! Eu não quero viver.

CAROL
Onde você conseguiu esta arma?

HOWARD

Estava entre os pertences do meu pai... ele lutou na Grande Guerra... quero dizer a Primeira Guerra Mundial... a guerra que terminaria com todas as guerras... só que é claro que isso não aconteceu, com as pessoas sendo como são...

CAROL

Solte isso!

HOWARD

É tudo tão sórdido e sem sentido!

CAROL

Socorro! Phyllis! Phyllis!

HOWARD

Cale a boca, a minha cabeça está explodindo!

CAROL

Suicídio não é a solução!

HOWARD

Tudo termina em nada... um vazio, uma clínica de velhos.

CAROL

Momentos ruins passam! É só uma fase... Phyllis! Droga! Suicídio não é a solução.

HOWARD

Estou assustado!

CAROL

Ah, Deus, eu não quero ver!

HOWARD

Você não vai ter que ver. Vou matar você primeiro... depois vou me matar.

CAROL

Me matar? Howard, você está brincando!

HOWARD

Primeiro você, depois eu!

CAROL
Socorro! Socorro! Phyllis!

HOWARD
Se você não fechar essa matraca!...
(Ele engatilha a arma.)

CAROL
Howard, não! Não!

HOWARD
Me dê um só motivo pelo qual nós dois devamos continuar vivos.

CAROL
Porque somos seres humanos, Howard... falíveis e frequentemente burros, mas não maus... na verdade não... apenas patéticos... equivocados... desesperados...

HOWARD
Nós estamos sozinhos no cosmos!

CAROL
Howard, não estamos no cosmos, estamos na Central Park West!

HOWARD
Não! Não adianta! Eu quero morrer!
(Howard aponta a arma para a própria cabeça e aperta o gatilho, mas a arma não funciona. Ele aponta a arma para Carol, e aperta o gatilho repetidamente, mas ela continua sem funcionar.)
Droga! Está velha... está velha demais... está estragada! É uma Luger alemã... devia ser como um Mercedes!
(Carol tira a arma de Howard.)

CAROL
Me dê isso aqui! Seu maluco! Qual é o seu problema?! Estou tremendo feito vara verde! Estou tremendo, vou desmaiar! Preciso de um Valium...
(Phyllis entra. Ignora o que aconteceu ali.)

PHYLLIS
Que barulheira é esta? Achei que tinha dito para vocês saírem.

CAROL
(Abalada.)
O Howard queria nos matar... nós dois... primeiro eu, depois ele... a pistola do pai dele... uma lembrança... mas... mas... mas... a arma não funcionou... ele apertou o gatilho... mas... a arma não funcionou...
(Phyllis pega a pistola e mexe nela.)

PHYLLIS
Não há nada de errado com esta arma, Howard. Você se esqueceu de destravá-la.

CAROL
Estou passando mal!
(Carol sai. Phyllis senta-se com Howard no sofá.)

PHYLLIS
A verdade, Howard, é que embora você esteja sofrendo uma das suas depressões clínicas, você está certo em se sentir deprimido. Até mesmo um relógio parado está certo duas vezes por dia. Coisas deprimentes aconteceram com você. Primeiro, você interna o seu querido e doce pai numa clínica de idosos de segunda linha...

HOWARD
Não é de segunda linha.

PHYLLIS
Encare a realidade, Howard, as melhores já não são muito boas, mas o que você escolheu, de acordo com os seus recursos, é... e você vai compreender isso... uma porcaria de clínica. Além da experiência de se despedir de um dos pais, o que, aliás, deixa você psicologicamente mais perto da percepção do fim da própria vida, a sua mulher está trocando você pelo seu amigo. Um homem bem-sucedido com um nível de testosterona mais alto... com quem, é claro, ela vinha se divertindo durante dois anos pelas suas costas. De modo que é quase saudável você

estar deprimido. Se não estivesse deprimido, você seria um idiota. Estou ajudando?

HOWARD
Eu sinto falta do meu filho...

PHYLLIS
Não dou seis meses para essa coisa toda.

HOWARD
Para o Sam e a Carol? Talvez eles se mudem para Londres.

PHYLLIS
Seis meses, seja em Londres ou na Terra do Fogo. Os dois são muito incapazes.

HOWARD
Eu sabia que ele pulava a cerca.

PHYLLIS
Sabia?

HOWARD
Quem não sabia?

PHYLLIS
Só eu, pelo jeito.

HOWARD
Acho que só você, Phyllis... acho até que ouvi uma insinuação maldosa de um ajudante de garçom no 21 Club.

PHYLLIS
O ajudante de garçom sabia?

HOWARD
Claro que ele não sabia que eu conhecia o Sam nem você. O Sam estava chegando, eu estava almoçando e vi o ajudante cutucando o garçom, fazendo um sinal com a cabeça na direção do Sam e apontando para uma morena sexy e dizendo: Que coragem... ele está comendo ela e mesmo assim vem aqui com a mulher o tempo todo. Fiquei surpreso que ele conhecesse o termo "comendo" porque tinha acabado de chegar da Polônia.

PHYLLIS
É uma ótima história, Howard. O garçom e o ajudante polonês sabiam, mas eu não.
(A porta da frente se abre, e Sam entra.)

SAM
(Friamente.)
Vim buscar o resto dos meus documentos...
(Vendo seu trabalho espalhado pelo chão.)
Ah, Deus, o que foi que você fez?

PHYLLIS
Preciso de duas respostas suas, garanhão.

SAM
Você já teve a sua chance comigo. Eu tentei o caminho razoável. Não vou ter o crânio fraturado por uma histérica...

HOWARD
Você vem comendo a minha mulher há dois anos.

SAM
Com você eu vou conversar, Howard, e vou começar com um pedido de desculpas.

PHYLLIS
Ah, mas aí fica tudo bem, não?

SAM
Eu disse que não queria ouvir a sua voz. Estou aqui para buscar os meus documentos... olhe o que você fez...

HOWARD
Eu não posso aceitar facilmente o seu pedido de desculpas, Sam, porque supostamente nós éramos amigos.

SAM
(Irritado com Phyllis enquanto junta os documentos do chão.)
Estou com uns casos complicados em andamento...

PHYLLIS
Você andou comendo todas as minhas amigas.

SAM
Esses dois últimos anos não foram fáceis para mim, Phyllis... o meu trabalho não estava indo bem. Por que você rasgou tudo?

PHYLLIS
Eu disse você andou comendo todas as minhas amigas...

SAM
Eu não andei comendo todas as suas amigas...

PHYLLIS
Mentiroso! Eu sei... eu sei tudo!

SAM
Se você sabe tudo, não precisa que eu diga nada. Tire os pés de cima desses documentos... tire...
(Força os pés dela.)
Tire!

PHYLLIS
Ai... seu filho da mãe!

SAM
Eu lhe dei uma chance de resolver as coisas conversando. Eu me expus completamente para você hoje. E aonde isso me levou?

PHYLLIS
Eu confiava em você. Como eu podia saber que, sob a superfície, você estava fervendo de descontentamento? Se ao menos você tivesse sido sincero em vez de deixar suas reclamações apodrecerem e sair comendo as minhas amigas.

HOWARD
(Levantando-se de maneira agressiva.)
Estou bravo com você, Sam... você me corneou...

SAM
(Empurra Howard de volta.)
Sente-se, Howard. Nós podemos conversar mais tarde. Já pedi desculpas.

PHYLLIS
Eu sei que você dormiu com a Edith e a Helene... e a Polly?

SAM
Você é maluca. Estou tão feliz de estar livre disso.

PHYLLIS
Você ainda não está livre, docinho.

SAM
Assim que eu arrumar esta bagunça, estarei longe daqui.

HOWARD
Ela sabe da morena no 21 Club... da franja e dos lábios carnudos.

SAM
Howard, sinto muito sobre a Carol e eu... eu sinceramente não achei que você descobriria.

PHYLLIS
(Virando-se para Sam.)
E a minha irmã?

SAM
O quê?

PHYLLIS
E a Susan?

SAM
O que tem a Susan?

PHYLLIS
Você dormiu com ela também?

SAM
Você está tendo alucinações.

PHYLLIS
Alucinações. Foi esta a palavra que você usou para negar o caso com a Carol quando eu encontrei a Filofax.

SAM
Porque era absurdo.

PHYLLIS
Quão absurdo pode ser? Se você estava dormindo com a Carol, por que não a Susan? Agora estou lembrando de tudo. Eu percebia que você a encarava... e ela sempre ia ver você jogar bola em East Hampton.

HOWARD
Que tipo de mulher é você, Phyllis, que todas essas pessoas aparentemente próximas traem de bom grado?

PHYLLIS
(Interrompida por tal colocação, se recompõe.)
Você precisa de tratamento de choque, Howard. Por que não molha o dedo e enfia na tomada?

SAM
Estou juntando os meus papéis e vou sair daqui. Sair... sair... para sempre... eternamente.

PHYLLIS
(Vai até o telefone.)
Vou ligar para a Susan...

SAM
Desligue isto!
(Tira o telefone dela e desliga.)

PHYLLIS
Olhe só o tremor das narinas. Ele está com medo.

SAM
Com medo do quê? Eu não existo mais na sua vida.

PHYLLIS
(Pegando o telefone de novo.)
Ei, amor, uma mulher pode ligar para a irmã, não pode?

SAM
Você insiste em fazer papel de idiota.

PHYLLIS
(Disca.)
Meu primeiro marido também gostava de mulheres, mas ele não era falso... que descanse em paz... em Secaucus ou onde quer que esteja...
(Ao telefone.)
Alô, Donald, deixe-me falar com a Susan.

SAM
Não acredito que ela ainda consegue me irritar...
(Serve-se de uma bebida.)

HOWARD
Ela é cruel. Mas você aprontou algumas maldades, Sam.

SAM
Eu não fiz nada.

PHYLLIS
(Ao telefone.)
Susan... você teve um caso com o Sam? Estou perguntando se você teve um caso com o Sam... Quando você ficou aqui... Bom, eu não engulo essa, Susan! ... Estou dizendo que você teve... foi o seu jeito de ficar quites comigo...

HOWARD
Quites pelo quê? Você dormiu com o marido da Susan?

PHYLLIS
(Para Howard.)
Claro que eu não dormi com o marido de Susan.
(Ao telefone.)
O quê?... Não, eu não dormi com o Donald! Por acaso eu dormiria com um joalheiro chassídico? Mas você dormiu com o Sam! Porque você é uma cigana... uma alma perdida... e foi a minha generosidade que não permitiu que você afundasse, e você se ressentia disso, e é assim que você me paga!
(Desliga, furiosa.)

SAM
Bravo! Agora você fez papel de idiota diante dela porque, bonequinha...

PHYLLIS
Não me chame de bonequinha...

SAM
Porque, Godzilla, eu nunca encostei um dedo na Susan.

HOWARD
Quem *era* aquela morena no 21 Club?

SAM
Howard, por que você não descansa um pouco?
(Entra Carol, surpresa de ver Sam.)

CAROL
Sam.

SAM
Olá, Carol.

CAROL
A Phyllis e o Howard sabem de tudo. Está sendo uma noite e tanto.

HOWARD
É como se uma bolha tivesse sido lancetada e todo o pus estivesse saindo.

CAROL
Podemos ir, Sam? Preciso de uma hora para fazer as malas em casa.

SAM
Ir aonde?

CAROL
Para o nosso apartamento, para Amagansett, se você quiser, direto para Londres... tanto faz para mim agora.

SAM
Não estou entendendo... aonde nós vamos?

CAROL
Para longe daqui... vejam, todos nós evidentemente precisamos de vidas novas... não apenas o Sam e eu... mas o Howard e a Phyllis... vamos tentar ver esta noite como um começo... nós não precisamos nos render aos nossos pensamentos mais frios. Eu sei... parece fácil dizer isso, porque o Sam e eu temos um ao outro... mas podemos ser civilizados e nos ajudarmos mutuamente a passar por isso.

SAM
Só um minutinho. Nós não vamos viajar.

CAROL
Bem, você falou em Londres... quer dizer, longe é qualquer lugar fora daqui.

SAM
Carol, acho que você não entendeu direito.

CAROL
O quê?

SAM
Eu conheci alguém e estou apaixonado.

CAROL
O que você está querendo dizer?

SAM
Eu conheci uma mulher e estou apaixonado.

CAROL
Não estou entendendo... você está apaixonado por mim.

SAM
Não. Nós tivemos um casinho, mas... nunca estivemos apaixonados.

CAROL
Eu estou.

SAM
Ah, mas... eu nunca... você pensou que eu estava deixando Phyllis por sua causa?

CAROL
Sam...

PHYLLIS
Às vezes Deus é tão rápido...

SAM
Carol, eu sempre fui absolutamente claro quanto a isso... pelo menos pensava que era.

CAROL
(Vacilando.)
Minhas pernas... minhas pernas... vou desmaiar... a sala está girando...

HOWARD
"Meus sais, meus sais."
(Ri.)
Ha, ha, ha...

PHYLLIS
(Para Carol.)
Querida, o que você *estava* pensando?

CAROL
Sam... Sam... todas aquelas tardes... nós conversamos...

SAM
Mas aí é que está: nós dois estávamos apenas tendo um casinho.

CAROL
Foi como tudo começou...

SAM
E nunca mudou.

CAROL
Claro que mudou.

SAM
Claro que não mudou.

HOWARD
(Divertindo-se com tudo.)
Isso é realmente cômico.

CAROL
Mas toda aquela conversa sobre o futuro... e Londres...

SAM
Mas aquilo era apenas especulação. Não havia um plano de verdade.

CAROL
Havia...

SAM
Não pode ter havido... nós nunca tivemos esse tipo de relacionamento.

CAROL
Claro que tivemos...

SAM
Nós nunca estivemos apaixonados. Pelo menos eu não estive.

CAROL
Você me disse que estava...

SAM
Claro que não. Você está sonhando...

CAROL
"Preciso terminar o meu casamento... estou sufocado... estou me afogando... o tempo que passo com você é a única coisa que me mantém vivo..."

SAM
No contexto de sexo ilícito. Eu lhe disse as regras básicas desde o primeiro dia.

CAROL
Sim... mas... tudo... tudo... pareceu mudar... ficar mais profundo... você não me perguntou se eu seria feliz em Londres?

SAM
Carol, você está imaginando coisas...

CAROL
(Dando-se conta completamente.)
Seu filho da mãe... você me usou.

PHYLLIS
(Irritada.)
Como assim, eu estava sufocando você? Por que você estava se afogando? Hein? Seu palhaço.

HOWARD
(Ficando mais alegre.)
Ele é um palhaço... isso aqui é um circo, e ele é um palhaço... e nós todos somos uns doidos.

CAROL
Você mentiu para mim... você mentiu para mim...

PHYLLIS
Você teve o que merecia, sua puta enrustida.

CAROL
"Eu quero ficar com você, Carol... com você eu sou feliz... com você eu tenho meus únicos momentos verdadeiros... preciso que você me resgate daquela nazista egoísta que esmaga as minhas esperanças..."

PHYLLIS
Nazista? Você me chamou de nazista?

SAM
(Inocentemente.)
Eu nunca afirmei que você era membro do partido.

CAROL
Eu não acredito nisso! Ninguém faz amor daquele jeito sem sentir amor.

PHYLLIS
Um pau duro não tem consciência.

CAROL
(Arrasada.)
Aquilo era real... era verdadeiro...

SAM
(Virando-se para Carol.)
Não me responsabilize pelas suas fantasias! Eu fui sincero desde o começo.

CAROL
Não...

PHYLLIS
Uma mulher com uma tênue compreensão da realidade...

CAROL
É você que não tem compreensão da realidade. Iludida pensando que tinha o casamento sob controle enquanto ele saía por aí com todo mundo.

SAM
Já chega, Carol.

CAROL
Na sua cama com a Nancy Rice.

PHYLLIS
A Nancy Rice está na comissão de ética!

SAM
(Para Carol.)
Para que provocar?

PHYLLIS
A Nancy Rice é presidente da comissão de ética do hospital... é especializada em escolhas morais.

SAM
Sim, eu tive um rápido momento com Nancy Rice quando você esteve em Denver, mas foi ela que provocou. E você e eu já não tínhamos mais uma vida sexual.

PHYLLIS
Agora eu sei por que não... um homem não consegue ejacular diariamente em dobro.

SAM
Não foi esse o motivo!

PHYLLIS
Não? Qual foi o motivo?

SAM
Qual foi o motivo? Por que nós estamos gritando?

PHYLLIS
Qual foi o motivo pelo qual as nossas transas desapareceram feito vapor?

SAM
Você quer saber o motivo?

PHYLLIS
Sim... sim... o motivo. Diga qual foi o maldito motivo.

SAM
Acabou a espontaneidade.

PHYLLIS
Você acha que está falando com uma retardada? Eu não sou ela. *(Referindo-se a Carol.)*

HOWARD
Se tem algo que Carol não é é retardada. Ela tem uma deficiência cognitiva, mas isso é diferente.

CAROL
Quer calar a boca, Howard?

HOWARD
Ei, dê um tempo. Eu estava explicando por que você pode *parecer* retardada, mas não é.

CAROL
Ele se desligou de você porque você não ama o bastante para satisfazer um homem sexualmente. Estou mentindo, Sam? Você não usou o termo "nua catatônica"?

SAM
Cuide da sua vida.

HOWARD
Acho que o problema é que a Phyllis sabe ser castradora.

SAM
Quer voltar a para a sua toca?

HOWARD
Foi você quem disse isso, Sam. Quando fica bêbado no almoço, você fala sem parar... onde foi parar o tempo? O que houve com todas as minhas aspirações? Será que devo me sentir o sr. Phyllis Riggs?

PHYLLIS
Que loucura é esta? Estou sendo penalizada por todo mundo porque sou um sucesso? Minha irmã, meus amigos, meus maridos...

HOWARD
As pessoas nunca nos odeiam pelas nossas fraquezas... elas nos odeiam pelos nossos pontos fortes.

CAROL
Sam, você me enganou... você disse que me amava.

SAM
Nunca... nunca.

CAROL
Disse, sim...

SAM

Eu sempre tomei bastante cuidado para não usar essa palavra.

PHYLLIS

Nunca dê para um advogado, porque ele te pega na terminologia.

HOWARD

Podemos botar uma música?

CAROL

Mmmmeu Deus! Esse é sempre o começo de uma guinada para a mania.

HOWARD

Eu posso vencer o Sam no *racquetball*.

SAM

Claro que pode, Howard.

HOWARD

(Botando música.)

Isso deixa ele louco... é musculoso, mas não tem coordenação!

SAM

Anrã.

CAROL

Sam, eu estava com tudo planejado... você ia deixar a Phyllis.

HOWARD

Ele deixou, Carol, você não está prestando atenção?

CAROL

Cale a boca, seu maníaco psicótico!

HOWARD

Todo mundo está tão para baixo...

(Aumenta o volume da música.)

CAROL

Desligue isso!

HOWARD
O quê?

CAROL
Desligue isso! Desligue! Pare!
(Sam desliga a música.)

HOWARD
O que houve com todo mundo?... parece que estamos num enterro.

SAM
Howard, acalme-se.

HOWARD
Todo mundo está tão estranho... provavelmente é fome... por que eu não preparo alguma coisa?

CAROL
Idiota!

HOWARD
O quê?

CAROL
Idiota! Imbecil!

HOWARD
Baba ghanoush! É perfeito!
(Howard sai pela direita do palco e vai para a cozinha.)

CAROL
Eu gostava de você... eu amava você... ainda amo...

SAM
Eu não tive a intenção de enganá-la. Tentei tomar cuidado... não quero magoar ninguém.
(A campainha toca... Carol, que está mais perto, abre a porta, deixando entrar uma mulher muito jovem, bonita e sexy, chamada Juliet Powell.)

JULIET

(Para Sam.)

Eu estava esperando lá embaixo e fiquei preocupada... sei que quase esmagaram a sua cabeça antes e... como você não descia...

PHYLLIS

Não... não... não.

CAROL

É ela?

JULIET

Eu não sabia se devia subir, mas você falou em cinco minutos...

SAM

É ela... é... Juliet Powell... Carol... Phyllis... bem, a dra. Riggs dispensa apresentações...

PHYLLIS

Sem apresentações. Basta me levar até a clínica psiquiátrica de Bellevue e me internar.

CAROL

Vocês duas se conhecem?

SAM

Olhem só... vamos jogar limpo e tentar resolver tudo sem besteiras. A Juliet é... era... paciente da Phyllis, está bem?

PHYLLIS

Quando vocês...?

SAM

(Para Carol.)

Uma vez, há muito tempo, eu vi ela na sala de espera... eu tenho meu acesso particular, mas muito de vez em quando vejo um dos pacientes da Phyllis entrando ou saindo, às lágrimas ou simplesmente sentados lendo uma revista *Town and Country*. E lembro de ter pensado: Meu Deus... que criatura encantadora... tão jovem e saudável... que problemas ela pode ter nessa idade? E então, como quis o destino, há algumas semanas eu saí do apartamento no mesmo instante em que Juliet saiu do elevador para entrar em sessão... e eu falei com ela... só dei oi... mas, sabendo que ela desceria em cinquenta minutos... comprei um jornal e me sentei no banco do parque do outro lado da rua e, é claro... exatamente 52 minutos depois, ela saiu do prédio, e eu a cumprimentei novamente... que surpresa... e agora vou me casar com ela.

PHYLLIS
(Para Juliet.)
E agora vou deixar de ser psiquiatra e entrar para a Sociedade Hemlock.

JULIET
(Inocentemente.)
Foi por isso que abandonei o tratamento. Não achei que fosse coerente continuar a minha análise com você enquanto estava...

PHYLLIS
Trepando com o meu marido? Obrigada, Miss América Adolescente.

CAROL
Sam, ela poderia ser sua filha.

SAM
Mas não é. É filha do sr. e da sra. Morton Powell, que eu não faço ideia de quem sejam. A menos que você leia *The Wall Street Journal.*

CAROL
Mas o que vocês dois podem ter em comum?

SAM
Você se surpreenderia. Ela é uma charmosa e educada mulher de 25 anos...

JULIET
Vinte e um...

SAM
Bem, em breve de 25 anos... quatro anos passam voando...

CAROL
O que você faz, srta. Powell?

JULIET
Faço?

CAROL
Com o que... você trabalha...

JULIET
Edição de cinema. Quer dizer, quando eu me formar.

CAROL
Você vai ao baile de formatura?

JULIET
Eu já deveria ter me formado, mas tranquei a matrícula por um ano.

PHYLLIS
A srta. Powell teve sérios problemas emocionais.

JULIET
Sim, bem...

PHYLLIS
Ela me procurou há um ano... introvertida, confusa, anoréxica... com muito medo dos homens. Meu objetivo era liberá-la, para que ela pudesse desabrochar como mulher e ter uma vida funcional.

JULIET
Sim, e conseguiu.

PHYLLIS
Pois é, eu percebi.

JULIET
É terrível, porque detesto perdê-la como analista. Por outro lado, você sempre tentou me guiar para agir de acordo com os meus próprios interesses.

PHYLLIS
E você acha que o meu marido de cinquenta anos é do seu próprio interesse?

JULIET
Bem, no começo eu tive alguns sonhos desconfortáveis... o sonho da aranha novamente... só que, desta vez, *você* era a viúva negra, minha mãe, o escorpião, e... Carol era a tarântula.

CAROL
Você nem sequer me conhecia.

JULIET
O Sam me falou de você, e a forma como ele a descreveu...

CAROL
Uma tarântula.

JULIET
Meu inconsciente formou a imagem da aranha a partir de "cabeluda" e "pegajosa".

CAROL
Cabeluda e pegajosa?

JULIET
Mas, em resposta à sua pergunta... sim... eu tive receio... mas Sam descreveu um casamento morto há muito tempo, e não pareceu que eu estivesse interferindo entre ninguém... quer dizer, ele já vinha dormindo com a Carol e a sra. Bucksbaum.

PHYLLIS
Com quem?

JULIET
A sra. Bucksbaum. A moradora do apartamento dois?

PHYLLIS
Ah, Sam, ela é aleijada!

SAM
O que isso quer dizer? Pelamordedeus, Phyllis... eu entendo que não foi correto da minha parte trair, mas não porque a mulher tem uma perna mais curta do que a outra.

PHYLLIS
Como você transava com ela? Você a punha em cima de uma caixa?

CAROL
(Para Sam.)
Por que eu sou cabeluda e pegajosa? Quando eu fui pegajosa? Eu me dei para você... e me dei, e me dei... eu corria quando você me ligava... desmarcava compromissos... dizia mentiras... mexia na minha agenda para acomodar nossos encontros e não exigia nada... como você pode ter passado a ela a impressão de que eu era uma tarântula?

SAM
Eu sou responsável pelo que ela sonha com você?

CAROL
Você percebe o tipo de homem com quem vai se casar?

JULIET
Bem, na verdade, casamento é mais ideia do Sam... eu estou satisfeita deixando as coisas rolarem.

SAM
Não. Eu quero o compromisso. Preciso do compromisso... não posso continuar assim... quero alguma coisa estável para variar. Preciso de alguma sanidade na minha vida. Juliet, você é tudo com o que eu sempre sonhei.

CAROL
Uma anoréxica de vinte anos de idade?

SAM
Vinte e um... e ela é editora de cinema.

PHYLLIS
Há seis meses ela não conseguia olhar um homem nos olhos sem ter uma reação alérgica.

SAM
Olhe, eu sei o que vocês todos estão pensando, mas é amor de verdade. Independentemente do que vocês duas possam dizer... acabaram-se os meus dias de Don Juan. Promiscuidade não adianta de nada. Vocês acham que uma pessoa pode se satisfazer meramente com adultério vazio, barato e idiota?

CAROL
Obrigada, Sam, foi importante para mim também.

SAM
(Para Juliet.)
Tudo o que estou tentando dizer é que eu encontrei você e quero que seja para sempre.

PHYLLIS
E quando ela tiver a minha idade? Você vai estar tomando papinha numa clínica.

CAROL
Sei que não sou jovem e bonita, mas isso é demais... é mais do que eu posso suportar.

HOWARD
(Aparece.)
Resolvi fazer ravióli... é a única coisa que tem...

CAROL
A minha vida está em ruínas...

HOWARD
Pena que não tem pesto... mas posso fazer um molho de nata, e vou fazer uma saladinha com anchovas e aceto balsâmico... quem é esta?

JULIET
(Estendendo a mão para ele.)
Sou Juliet Powell.

HOWARD
Eu sou Howard.

JULIET
Estão vendo?, há seis meses, eu não teria conseguido me apresentar.

SAM
Diga que você não está hesitando quanto ao nosso casamento. Preciso ter essa certeza.

JULIET
Eu só quero ter certeza, só isso. Por que não podemos continuar saindo juntos para ver aonde isso vai dar?

SAM
Você está quebrando uma promessa. Achei que nós iríamos sossegar. Na noite passada você pareceu tão segura...

HOWARD
(Para Juliet.)
Para que você quer se casar? É apenas uma garota.

SAM
Howard...

HOWARD
Não, estou falando sério... ela é uma garota, e você, um ancião... não quero dizer ancião ancião, mas velho demais para ela.

SAM
Isso é problema nosso.

HOWARD
E você está entrando nessa história com tanta merda... todas aquelas cicatrizes e amarguras... no meio do caminho.

SAM
Eu não estou amargo, Howard, só quero recomeçar.

HOWARD
Ei, quem não quer?

(Para Juliet.)
Casamento é um passo enorme para qualquer pessoa... que dirá para uma garota feito você e um confuso Casanova de meia-idade.

JULIET
Eu disse a ele que acho que a gente devia esperar.

SAM
Eu quero você.

HOWARD
Ele está nervoso porque sabe que você vai conhecer outro.

SAM
Quer dar o fora? Esse sujeito é louco.

HOWARD
Não tão rápido. Ouvi o que essa jovem está dizendo... você está fazendo pressão demais.
(Para Juliet.)
Para que você precisa de casamento, afinal? Você não quer se prender com um único cara... você deveria estar aproveitando a vida... só se é jovem uma vez.

JULIET
A verdade é que eu estou recém saindo da minha concha, graças à Phyllis.

PHYLLIS
Se é graças a mim, *eu* vou me candidatar a uma terapia de choque. E pare de me chamar de Phyllis... eu ainda sou a dra. Riggs.

CAROL
(Correndo até Sam e batendo nele.)
Eu sou uma aranha?! Eu sou uma aranha cabeluda e pegajosa?!

SAM
Carol, dá um tempo.

HOWARD
Eu só estou dizendo que ela não deveria estar pensando em casamento, principalmente com você. Lembre-se, Juliet... o casamento é a morte da esperança.

JULIET
A morte da esperança... que forma poética de dizer isso.

HOWARD
Na verdade, eu sou escritor.

SAM
(Para Howard.)
Para você foi a morte da esperança. Para nós, é um futuro brilhante.

JULIET
Ele falou em casamento... eu só fiquei confusa

HOWARD
Juliet, posso chamar você de Juliet? ...se este cara está falando em compromisso para uma vida inteira, aceite o meu conselho e fuja, pela sua vida... pela sua jovem vida... afinal, você é tão linda e tão apetitosa... tão doce e suculenta...

PHYLLIS
Pelamordedeus, Howard. Parece que você quer cozinhá-la.

SAM
Por que você está dando a ele o mínimo de credibilidade? Ele é um desenho animado.

JULIET
Eu disse a você, Sam, que nunca tinha tido um caso antes...

HOWARD
Muitos homens vão se apaixonar por você... você é muito encantadora... eu mesmo poderia perfeitamente me apaixonar, e nós acabamos de nos conhecer.

SAM
Ele está competindo comigo. Não acredito nisso. Ele está competindo.

HOWARD
O que você pensa em fazer da vida?

JULIET
Eu quero me tornar editora de cinema.

HOWARD
Ei... perfeito para mim! Sabe, eu escrevi vários roteiros de cinema.

SAM
Nenhum que tenha emplacado... ah, e um romance.

JULIET
(Impressionada.)
Você escreveu um romance? Que maravilha.

SAM
(Perdendo um pouco as estribeiras.)
Instantaneamente encalhado. Um romance maldisfarçado sobre um ex-atleta universitário que compete com uma esposa brilhante e desbocada que comanda o departamento de um hospital e escreve livros e é o centro das atenções aonde quer que eles vão e que nunca percebe que ele é fraco e que está inadvertidamente castrando o pobre coitado, de modo que ele vive à base de sexo ilícito.

PHYLLIS
Com deficientes mentais e físicos.

HOWARD
Juliet, eu tenho várias possibilidades maravilhosas na costa oeste... na verdade, estou esperando uma ligação da Paramount para amanhã...

SAM
Ele está delirando, Juliet. Ele não tem nada. Ele não *é* nada.

JULIET
Estou sentindo uma enxaqueca começando...

SAM
Isso é incrível. O que começou como um pequeno aborrecimento se transformou progressivamente numa catástrofe. Eu amo você, Juliet. Nós juramos que seria para sempre... vamos embora.

HOWARD
Não tão rápido, Sam. A Juliet e eu temos um potencial real.

SAM
Ele é maluco... é um iô-iô emocional. Em dez minutos, vamos ter de arrancar ele do peitoril da janela.

HOWARD
Pense na Califórnia comigo. Tudo o que eu preciso fazer é aceitar uma grande oferta muito grande da MGM.

JULIET
Você não tinha dito Paramount?

HOWARD
(Falando muito rápido.)
Eu tenho uma excelente ideia para um filme, apesar de que depois de você ter um sucesso eles pressionam por um contrato de três produções. Tenho algumas ideias ousadas... que eu gostaria de dirigir. Sempre houve interesse em como eu me sairia como diretor, mas eu nunca aceitei as propostas. Ainda assim, posso repensar isso... desde que eles melhorem a oferta. Você pode fazer a edição. Vou mandar um telegrama ao meu corretor de imóveis de Beverly Hills, e vamos alugar uma casa, é bobagem comprar inicialmente... nunca sabemos por quanto tempo vamos ficar... claro que vamos escolher algo espaçoso... talvez em Bel Air... eu adoraria ter uma piscina olímpica... seria divertido para as crianças... na verdade, acho que li que Warren Beatty está vendendo a casa dele. Warren é um grande amigo meu. Não que tenhamos passado muito tempo juntos, mas nos conhecemos numa manifestação política...
(Olha para o relógio.)

Por que eu não ligo para ele... vamos ver, são três horas mais cedo lá...

SAM
(Perde a paciência – agarra Juliet.)
Vamos lá, vamos dar o fora daqui.

HOWARD
(Interrompe Sam.)
Ei, não tão rápido.

SAM
Saia da frente, Howard.

HOWARD
Não, Sam... você não pode fazer as coisas sempre do seu jeito.

SAM
Eu disse que nós estamos indo embora.

JULIET
Só um minuto... eu estou ficando ansiosa...

SAM
Não vou esperar... podemos discutir isso no carro.

HOWARD
Deixe-a em paz.

SAM
Howard...

HOWARD
Estou falando sério, Sam, eu não vou permitir que essa garota seja intimidada. Quero passar o resto da minha vida com ela.

SAM
Eu disse saia da minha frente!
(Sam empurra Howard, e uma briga tem início. A briga fica cada vez mais séria, para a surpresa de todos.)

PHYLLIS
Muito bem. Parem com isso. Não estamos no meio da selva... estamos na Central Park West.

JULIET
Pare com isso... deixe ele em paz!

HOWARD
Você está me estrangulando...

PHYLLIS
Parem...

JULIET
Por favor... eu não aguento isso! Parem! ...Parem! ... Parem! *(Improviso geral enquanto todo mundo protesta e tenta parar Sam. Juliet pega a arma e atira em Sam. Gritos.)*

SAM
Ah, meu Deus!

PHYLLIS
Sam!

JULIET
O que aconteceu?! Ela disparou!

SAM
Estou com uma dor terrível no traseiro.

PHYLLIS
Chamem uma ambulância...

JULIET
Eu não queria...

PHYLLIS
(Para Carol.)
Chame uma ambulância!

JULIET
Tudo ficou vermelho...

CAROL
Ela é só uma garota, mas sabia que precisava destravar a arma. Bravo.

PHYLLIS
Saia daqui agora. Antes que a polícia chegue... simplesmente saia pela porta calmamente e vá para casa.

JULIET
Sinto muito, Sam.

SAM
O que uma Luger alemã está fazendo em cima da mesa da minha sala de estar?

HOWARD
Como vocês preferem o ravióli? Alguém quer salada?

PHYLLIS
(Para Juliet.)
Vá. A polícia vai chegar. Vão ver que você é a bela filha de um conhecido banqueiro de Wall Street, e vão adorar chamar a imprensa...

JULIET
Eu não tive a intenção... foi um acidente.

PHYLLIS
Acidentes não existem, criança. Você ainda precisa que eu diga isso? Agora vá para casa e fique lá. Vamos discutir isso na segunda-feira.
(Para Carol.)
Me dê isso aqui!

CAROL
Pegue o seu casaco, Howard. Vamos para casa. O canal de filmes está passando *A Ilha das Almas Perdidas*. Quero ver se os nossos nomes aparecem.

HOWARD
Podemos parar no Zabar? Acabou a minha noz-moscada.

CAROL
Você tem noz-moscada suficiente para uma vida inteira.

JULIET
Até logo, dra. Riggs. Vejo a senhora na segunda, no horário de sempre...

SAM
Juliet... Juliet... não vá embora... eu amo você...
(As luzes se apagam.)

PHYLLIS
Cresça, Sam. Ela deu um tiro na sua bunda... isso se chama rejeição!

SOBRE O AUTOR

WOODY ALLEN é autor, diretor e – às vezes – astro de mais de vinte filmes, incluindo *Noivo Neurótico, Noiva Nervosa*.

Coleção **L&PM** POCKET

1.**Catálogo geral da Coleção**
2.**Poesias** – Fernando Pessoa
3.**O livro dos sonetos** – org. Sergio Faraco
4.**Hamlet** – Shakespeare / trad. Millôr
5.**Isadora, frag. autobiográficos** – Isadora Duncan
6.**Histórias sicilianas** – G. Lampedusa
7.**O relato de Arthur Gordon Pym** – Edgar A. Poe
8.**A mulher mais linda da cidade** – Bukowski
9.**O fim de Montezuma** – Hernan Cortez
10.**A ninfomania** – D. T. Bienville
11.**As aventuras de Robinson Crusoé** – D. Defoe
12.**Histórias de amor** – A. Bioy Casares
13.**Armadilha mortal** – Roberto Arlt
14.**Contos de fantasmas** – Daniel Defoe
15.**Os pintores cubistas** – G. Apollinaire
16.**A morte de Ivan Ilitch** – L.Tolstói
17.**A desobediência civil** – D. H. Thoreau
18.**Liberdade, liberdade** – F. Rangel e M. Fernandes
19.**Cem sonetos de amor** – Pablo Neruda
20.**Mulheres** – Eduardo Galeano
21.**Cartas a Théo** – Van Gogh
22.**Don Juan** – Molière / Trad. Millôr Fernandes
24.**Horla** – Guy de Maupassant
25.**O caso de Charles Dexter Ward** – Lovecraft
26.**Vathek** – William Beckford
27.**Hai-Kais** – Millôr Fernandes
28.**Adeus, minha adorada** – Raymond Chandler
29.**Cartas portuguesas** – Mariana Alcoforado
30.**A mensageira das violetas** – Florbela Espanca
31.**Espumas flutuantes** – Castro Alves
32.**Dom Casmurro** – Machado de Assis
34.**Alves & Cia.** – Eça de Queiroz
35.**Uma temporada no inferno** – A. Rimbaud
36.**A corresp. de Fradique Mendes** – Eça de Queiroz
38.**Antologia poética** – Olavo Bilac
39.**O rei Lear** – Shakespeare
40.**Memórias póstumas de Brás Cubas** – Machado de Assis
41.**Que loucura!** – Woody Allen
42.**O duelo** – Casanova
44.**Gentidades** – Darcy Ribeiro
45.**Memórias de um Sargento de Milícias** – Manuel Antônio de Almeida
46.**Os escravos** – Castro Alves
47.**O desejo pego pelo rabo** – Pablo Picasso
48.**Os inimigos** – Máximo Gorki
49.**O colar de veludo** – Alexandre Dumas
50.**Livro dos bichos** – Vários
51.**Quincas Borba** – Machado de Assis
53.**O exército de um homem só** – Moacyr Scliar
54.**Frankenstein** – Mary Shelley
55.**Dom Segundo Sombra** – Ricardo Güiraldes
56.**De vagões e vagabundos** – Jack London
57.**O homem bicentenário** – Isaac Asimov
58.**A viuvinha** – José de Alencar
59.**Livro das cortesãs** – org. de Sergio Faraco
60.**Últimos poemas** – Pablo Neruda
61.**A moreninha** – Joaquim Manuel de Macedo
62.**Cinco minutos** – José de Alencar
63.**Saber envelhecer e a amizade** – Cícero
64.**Enquanto a noite não chega** – J. Guimarães
65.**Tufão** – Joseph Conrad
66.**Aurélia** – Gérard de Nerval
67.**I-Juca-Pirama** – Gonçalves Dias
68.**Fábulas** – Esopo
69.**Teresa Filósofa** – Anônimo do Séc. XVIII
70.**Avent. inéditas de Sherlock Holmes** – Arthur Conan Doyle
71.**Quintana de bolso** – Mario Quintana
72.**Antes e depois** – Paul Gauguin
73.**A morte de Olivier Bécaille** – Émile Zola
74.**Iracema** – José de Alencar
75.**Iaiá Garcia** – Machado de Assis
76.**Utopia** – Tomás Morus
77.**Sonetos para amar o amor** – Camões
78.**Carmen** – Prosper Mérimée
79.**Senhora** – José de Alencar
80.**Hagar, o horrível 1** – Dik Browne
81.**O coração das trevas** – Joseph Conrad
82.**Um estudo em vermelho** – Arthur Conan Doyle
83.**Todos os sonetos** – Augusto dos Anjos
84.**A propriedade é um roubo** – P.-J. Proudhon
85.**Drácula** – Bram Stoker
86.**O marido complacente** – Sade
87.**De profundis** – Oscar Wilde
88.**Sem plumas** – Woody Allen
89.**Os bruzundangas** – Lima Barreto
90.**O cão dos Baskervilles** – Arthur Conan Doyle
91.**Paraísos artificiais** – Charles Baudelaire
92.**Cândido, ou o otimismo** – Voltaire
93.**Triste fim de Policarpo Quaresma** – Lima Barreto
94.**Amor de perdição** – Camilo Castelo Branco
95.**A megera domada** – Shakespeare / trad. Millôr
96.**O mulato** – Aluísio Azevedo
97.**O alienista** – Machado de Assis
98.**O livro dos sonhos** – Jack Kerouac
99.**Noite na taverna** – Álvares de Azevedo
100.**Aura** – Carlos Fuentes
102.**Contos gauchescos e Lendas do sul** – Simões Lopes Neto
103.**O cortiço** – Aluísio Azevedo
104.**Marília de Dirceu** – T. A. Gonzaga
105.**O Primo Basílio** – Eça de Queiroz
106.**O ateneu** – Raul Pompéia
107.**Um escândalo na Boêmia** – Arthur Conan Doyle
108.**Contos** – Machado de Assis
109.**200 Sonetos** – Luis Vaz de Camões
110.**O príncipe** – Maquiavel
111.**A escrava Isaura** – Bernardo Guimarães
112.**O solteirão nobre** – Conan Doyle
114.**Shakespeare de A a Z** – Shakespeare
115.**A relíquia** – Eça de Queiroz
117.**Livro do corpo** – Vários
118.**Lira dos 20 anos** – Álvares de Azevedo
119.**Esaú e Jacó** – Machado de Assis
120.**A barcarola** – Pablo Neruda
121.**Os conquistadores** – Júlio Verne
122.**Contos breves** – G. Apollinaire

123.**Taipi** – Herman Melville
124.**Livro dos desaforos** – org. de Sergio Faraco
125.**A mão e a luva** – Machado de Assis
126.**Doutor Miragem** – Moacyr Scliar
127.**O penitente** – Isaac B. Singer
128.**Diários da descoberta da América** – Cristóvão Colombo
129.**Édipo Rei** – Sófocles
130.**Romeu e Julieta** – Shakespeare
131.**Hollywood** – Bukowski
132.**Billy the Kid** – Pat Garrett
133.**Cuca fundida** – Woody Allen
134.**O jogador** – Dostoiévski
135.**O livro da selva** – Rudyard Kipling
136.**O vale do terror** – Arthur Conan Doyle
137.**Dançar tango em Porto Alegre** – S. Faraco
138.**O gaúcho** – Carlos Reverbel
139.**A volta ao mundo em oitenta dias** – J. Verne
140.**O livro dos esnobes** – W. M. Thackeray
141.**Amor & morte em Poodle Springs** – Raymond Chandler & R. Parker
142.**As aventuras de David Balfour** – Stevenson
143.**Alice no país das maravilhas** – Lewis Carroll
144.**A ressurreição** – Machado de Assis
145.**Inimigos, uma história de amor** – I. Singer
146.**O Guarani** – José de Alencar
147.**A cidade e as serras** – Eça de Queiroz
148.**Eu e outras poesias** – Augusto dos Anjos
149.**A mulher de trinta anos** – Balzac
150.**Pomba enamorada** – Lygia F. Telles
151.**Contos fluminenses** – Machado de Assis
152.**Antes de Adão** – Jack London
153.**Intervalo amoroso** – A.Romano de Sant'Anna
154.**Memorial de Aires** – Machado de Assis
155.**Naufrágios e comentários** – Cabeza de Vaca
156.**Ubirajara** – José de Alencar
157.**Textos anarquistas** – Bakunin
159.**Amor de salvação** – Camilo Castelo Branco
160.**O gaúcho** – José de Alencar
161.**O livro das maravilhas** – Marco Polo
162.**Inocência** – Visconde de Taunay
163.**Helena** – Machado de Assis
164.**Uma estação de amor** – Horácio Quiroga
165.**Poesia reunida** – Martha Medeiros
166.**Memórias de Sherlock Holmes** – Conan Doyle
167.**A vida de Mozart** – Stendhal
168.**O primeiro terço** – Neal Cassady
169.**O mandarim** – Eça de Queiroz
170.**Um espinho de marfim** – Marina Colasanti
171.**A ilustre Casa de Ramires** – Eça de Queiroz
172.**Lucíola** – José de Alencar
173.**Antígona** – Sófocles – trad. Donaldo Schüler
174.**Otelo** – William Shakespeare
175.**Antologia** – Gregório de Matos
176.**A liberdade de imprensa** – Karl Marx
177.**Casa de pensão** – Aluísio Azevedo
178.**São Manuel Bueno, Mártir** – Unamuno
179.**Primaveras** – Casimiro de Abreu
180.**O noviço** – Martins Pena
181.**O sertanejo** – José de Alencar
182.**Eurico, o presbítero** – Alexandre Herculano
183.**O signo dos quatro** – Conan Doyle
184.**Sete anos no Tibet** – Heinrich Harrer
185.**Vagamundo** – Eduardo Galeano
186.**De repente acidentes** – Carl Solomon
187.**As minas de Salomão** – Rider Haggar
188.**Uivo** – Allen Ginsberg
189.**A ciclista solitária** – Conan Doyle
190.**Os seis bustos de Napoleão** – Conan Doyle
191.**Cortejo do divino** – Nelida Piñon
194.**Os crimes do amor** – Marquês de Sade
195.**Besame Mucho** – Mário Prata
196.**Tuareg** – Alberto Vázquez-Figueroa
197.**O longo adeus** – Raymond Chandler
199.**Notas de um velho safado** – Bukowski
200.**111 ais** – Dalton Trevisan
201.**O nariz** – Nicolai Gogol
202.**O capote** – Nicolai Gogol
203.**Macbeth** – William Shakespeare
204.**Heráclito** – Donaldo Schüler
205.**Você deve desistir, Osvaldo** – Cyro Martins
206.**Memórias de Garibaldi** – A. Dumas
207.**A arte da guerra** – Sun Tzu
208.**Fragmentos** – Caio Fernando Abreu
209.**Festa no castelo** – Moacyr Scliar
210.**O grande deflorador** – Dalton Trevisan
212.**Homem do princípio ao fim** – Millôr Fernandes
213.**Aline e seus dois namorados (1)** – A. Iturrusgarai
214.**A juba do leão** – Sir Arthur Conan Doyle
215.**Assassino metido a esperto** – R. Chandler
216.**Confissões de um comedor de ópio** – Thomas De Quincey
217.**Os sofrimentos do jovem Werther** – Goethe
218.**Fedra** – Racine / Trad. Millôr Fernandes
219.**O vampiro de Sussex** – Conan Doyle
220.**Sonho de uma noite de verão** – Shakespeare
221.**Dias e noites de amor e de guerra** – Galeano
222.**O Profeta** – Khalil Gibran
223.**Flávia, cabeça, tronco e membros** – M. Fernandes
224.**Guia da ópera** – Jeanne Suhamy
225.**Macário** – Álvares de Azevedo
226.**Etiqueta na prática** – Celia Ribeiro
227.**Manifesto do partido comunista** – Marx & Engels
228.**Poemas** – Millôr Fernandes
229.**Um inimigo do povo** – Henrik Ibsen
230.**O paraíso destruído** – Frei B. de las Casas
231.**O gato no escuro** – Josué Guimarães
232.**O mágico de Oz** – L. Frank Baum
233.**Armas no Cyrano's** – Raymond Chandler
234.**Max e os felinos** – Moacyr Scliar
235.**Nos céus de Paris** – Alcy Cheuiche
236.**Os bandoleiros** – Schiller
237.**A primeira coisa que eu botei na boca** – Deonísio da Silva
238.**As aventuras de Simbad, o marújo**
239.**O retrato de Dorian Gray** – Oscar Wilde
240.**A carteira de meu tio** – J. Manuel de Macedo
241.**A luneta mágica** – J. Manuel de Macedo
242.**A metamorfose** – Kafka
243.**A flecha de ouro** – Joseph Conrad
244.**A ilha do tesouro** – R. L. Stevenson
245.**Marx - Vida & Obra** – José A. Giannotti
246.**Gênesis**
247.**Unidos para sempre** – Ruth Rendell
248.**A arte de amar** – Ovídio

249.**O sono eterno** – Raymond Chandler
250.**Novas receitas do Anonymus Gourmet** – J.A.P.M.
251.**A nova catacumba** – Arthur Conan Doyle
252.**Dr. Negro** – Arthur Conan Doyle
253.**Os voluntários** – Moacyr Scliar
254.**A bela adormecida** – Irmãos Grimm
255.**O príncipe sapo** – Irmãos Grimm
256.**Confissões** *e* **Memórias** – H. Heine
257.**Viva o Alegrete** – Sergio Faraco
258.**Vou estar esperando** – R. Chandler
259.**A senhora Beate e seu filho** – Schnitzler
260.**O ovo apunhalado** – Caio Fernando Abreu
261.**O ciclo das águas** – Moacyr Scliar
262.**Millôr Definitivo** – Millôr Fernandes
264.**Viagem ao centro da Terra** – Júlio Verne
265.**A dama do lago** – Raymond Chandler
266.**Caninos brancos** – Jack London
267.**O médico e o monstro** – R. L. Stevenson
268.**A tempestade** – William Shakespeare
269.**Assassinatos na rua Morgue** – E. Allan Poe
270.**99 corruíras nanicas** – Dalton Trevisan
271.**Broquéis** – Cruz e Sousa
272.**Mês de cães danados** – Moacyr Scliar
273.**Anarquistas – vol. 1 – A idéia** – G. Woodcock
274.**Anarquistas – vol. 2 – O movimento** – G. Woodcock
275.**Pai e filho, filho e pai** – Moacyr Scliar
276.**As aventuras de Tom Sawyer** – Mark Twain
277.**Muito barulho por nada** – W. Shakespeare
278.**Elogio da loucura** – Erasmo
279.**Autobiografia de Alice B. Toklas** – G. Stein
280.**O chamado da floresta** – J. London
281.**Uma agulha para o diabo** – Ruth Rendell
282.**Verdes vales do fim do mundo** – A. Bivar
283.**Ovelhas negras** – Caio Fernando Abreu
284.**O fantasma de Canterville** – O. Wilde
285.**Receitas de Yayá Ribeiro** – Celia Ribeiro
286.**A galinha degolada** – H. Quiroga
287.**O último adeus de Sherlock Holmes** – A. Conan Doyle
288.**A. Gourmet** *em* **Histórias de cama & mesa** – J. A. Pinheiro Machado
289.**Topless** – Martha Medeiros
290.**Mais receitas do Anonymus Gourmet** – J. A. Pinheiro Machado
291.**Origens do discurso democrático** – D. Schüler
292.**Humor politicamente incorreto** – Nani
293.**O teatro do bem e do mal** – E. Galeano
294.**Garibaldi & Manoela** – J. Guimarães
295.**10 dias que abalaram o mundo** – John Reed
296.**Numa fria** – Bukowski
297.**Poesia de Florbela Espanca** vol. 1
298.**Poesia de Florbela Espanca** vol. 2
299.**Escreva certo** – E. Oliveira e M. E. Bernd
300.**O vermelho e o negro** – Stendhal
301.**Ecce homo** – Friedrich Nietzsche
302(7).**Comer bem, sem culpa** – Dr. Fernando Lucchese, A. Gourmet e Iotti
303.**O livro de Cesário Verde** – Cesário Verde
305.**100 receitas de macarrão** – S. Lancellotti
306.**160 receitas de molhos** – S. Lancellotti
307.**100 receitas light** – H. e Â. Tonetto
308.**100 receitas de sobremesas** – Celia Ribeiro
309.**Mais de 100 dicas de churrasco** – Leon Diziekaniak
310.**100 receitas de acompanhamentos** – C. Cabeda
311.**Honra ou vendetta** – S. Lancellotti
312.**A alma do homem sob o socialismo** – Oscar Wilde
313.**Tudo sobre Yôga** – Mestre De Rose
314.**Os varões assinalados** – Tabajara Ruas
315.**Édipo em Colono** – Sófocles
316.**Lisístrata** – Aristófanes / trad. Millôr
317.**Sonhos de Bunker Hill** – John Fante
318.**Os deuses de Raquel** – Moacyr Scliar
319.**O colosso de Marússia** – Henry Miller
320.**As eruditas** – Molière / trad. Millôr
321.**Radicci 1** – Iotti
322.**Os Sete contra Tebas** – Ésquilo
323.**Brasil Terra à vista** – Eduardo Bueno
324.**Radicci 2** – Iotti
325.**Júlio César** – William Shakespeare
326.**A carta de Pero Vaz de Caminha**
327.**Cozinha Clássica** – Sílvio Lancellotti
328.**Madame Bovary** – Gustave Flaubert
329.**Dicionário do viajante insólito** – M. Scliar
330.**O capitão saiu para o almoço...** – Bukowski
331.**A carta roubada** – Edgar Allan Poe
332.**É tarde para saber** – Josué Guimarães
333.**O livro de bolso da Astrologia** – Maggy Harrisonx e Mellina Li
334.**1933 foi um ano ruim** – John Fante
335.**100 receitas de arroz** – Aninha Comas
336.**Guia prático do Português correto – vol. 1** – Cláudio Moreno
337.**Bartleby, o escriturário** – H. Melville
338.**Enterrem meu coração na curva do rio** – Dee Brown
339.**Um conto de Natal** – Charles Dickens
340.**Cozinha sem segredos** – J. A. P. Machado
341.**A dama das Camélias** – A. Dumas Filho
342.**Alimentação saudável** – H. e Â. Tonetto
343.**Continhos galantes** – Dalton Trevisan
344.**A Divina Comédia** – Dante Alighieri
345.**A Dupla Sertanojo** – Santiago
346.**Cavalos do amanhecer** – Mario Arregui
347.**Biografia de Vincent van Gogh por sua cunhada** – Jo van Gogh-Bonger
348.**Radicci 3** – Iotti
349.**Nada de novo no front** – E. M. Remarque
350.**A hora dos assassinos** – Henry Miller
351.**Flush – Memórias de um cão** – Virginia Woolf
352.**A guerra no Bom Fim** – M. Scliar
353(1).**O caso Saint-Fiacre** – Simenon
354(2).**Morte na alta sociedade** – Simenon
355(3).**O cão amarelo** – Simenon
356(4).**Maigret e o homem do banco** – Simenon
357.**As uvas e o vento** – Pablo Neruda
358.**On the road** – Jack Kerouac
359.**O coração amarelo** – Pablo Neruda
360.**Livro das perguntas** – Pablo Neruda
361.**Noite de Reis** – William Shakespeare
362.**Manual de Ecologia (vol.1)** – J. Lutzenberger
363.**O mais longo dos dias** – Cornelius Ryan
364.**Foi bom prá você?** – Nani
365.**Crepusculário** – Pablo Neruda

366.**A comédia dos erros** – Shakespeare
367(5).**A primeira investigação de Maigret** – Simenon
368(6).**As férias de Maigret** – Simenon
369.**Mate-me por favor (vol.1)** – L. McNeil
370.**Mate-me por favor (vol.2)** – L. McNeil
371.**Carta ao pai** – Kafka
372.**Os vagabundos iluminados** – J. Kerouac
373(7).**O enforcado** – Simenon
374(8).**A fúria de Maigret** – Simenon
375.**Vargas, uma biografia política** – H. Silva
376.**Poesia reunida (vol.1)** – A. R. de Sant'Anna
377.**Poesia reunida (vol.2)** – A. R. de Sant'Anna
378.**Alice no país do espelho** – Lewis Carroll
379.**Residência na Terra 1** – Pablo Neruda
380.**Residência na Terra 2** – Pablo Neruda
381.**Terceira Residência** – Pablo Neruda
382.**O delírio amoroso** – Bocage
383.**Futebol ao sol e à sombra** – E. Galeano
384(9).**O porto das brumas** – Simenon
385(10).**Maigret e seu morto** – Simenon
386.**Radicci 4** – Iotti
387.**Boas maneiras & sucesso nos negócios** – Celia Ribeiro
388.**Uma história Farroupilha** – M. Scliar
389.**Na mesa ninguém envelhece** – J. A. Pinheiro Machado
390.**200 receitas inéditas do Anonymus Gourmet** – J. A. Pinheiro Machado
391.**Guia prático do Português correto – vol.2** – Cláudio Moreno
392.**Breviário das terras do Brasil** – Assis Brasil
393.**Cantos Cerimoniais** – Pablo Neruda
394.**Jardim de Inverno** – Pablo Neruda
395.**Antonio e Cleópatra** – William Shakespeare
396.**Tróia** – Cláudio Moreno
397.**Meu tio matou um cara** – Jorge Furtado
398.**O anatomista** – Federico Andahazi
399.**As viagens de Gulliver** – Jonathan Swift
400.**Dom Quixote** – (v. 1) – Miguel de Cervantes
401.**Dom Quixote** – (v. 2) – Miguel de Cervantes
402.**Sozinho no Pólo Norte** – Thomaz Brandolin
403.**Matadouro 5** – Kurt Vonnegut
404.**Delta de Vênus** – Anaïs Nin
405.**O melhor de Hagar 2** – Dik Browne
406.**É grave Doutor?** – Nani
407.**Orai pornô** – Nani
408(11).**Maigret em Nova York** – Simenon
409(12).**O assassino sem rosto** – Simenon
410(13).**O mistério das jóias roubadas** – Simenon
411.**A irmãzinha** – Raymond Chandler
412.**Três contos** – Gustave Flaubert
413.**De ratos e homens** – John Steinbeck
414.**Lazarilho de Tormes** – Anônimo do séc. XVI
415.**Triângulo das águas** – Caio Fernando Abreu
416.**100 receitas de carnes** – Sílvio Lancellotti
417.**Histórias de robôs:** vol. 1 – org. Isaac Asimov
418.**Histórias de robôs:** vol. 2 – org. Isaac Asimov
419.**Histórias de robôs:** vol. 3 – org. Isaac Asimov
420.**O país dos centauros** – Tabajara Ruas
421.**A república de Anita** – Tabajara Ruas
422.**A carga dos lanceiros** – Tabajara Ruas
423.**Um amigo de Kafka** – Isaac Singer
424.**As alegres matronas de Windsor** – Shakespeare
425.**Amor e exílio** – Isaac Bashevis Singer
426.**Use & abuse do seu signo** – Marília Fiorillo e Marylou Simonsen
427.**Pigmaleão** – Bernard Shaw
428.**As fenícias** – Eurípides
429.**Everest** – Thomaz Brandolin
430.**A arte de furtar** – Anônimo do séc. XVI
431.**Billy Bud** – Herman Melville
432.**A rosa separada** – Pablo Neruda
433.**Elegia** – Pablo Neruda
434.**A garota de Cassidy** – David Goodis
435.**Como fazer a guerra: máximas de Napoleão** – Balzac
436.**Poemas escolhidos** – Emily Dickinson
437.**Gracias por el fuego** – Mario Benedetti
438.**O sofá** – Crébillon Fils
439.**O "Martín Fierro"** – Jorge Luis Borges
440.**Trabalhos de amor perdidos** – W. Shakespeare
441.**O melhor de Hagar 3** – Dik Browne
442.**Os Maias (volume1)** – Eça de Queiroz
443.**Os Maias (volume2)** – Eça de Queiroz
444.**Anti-Justine** – Restif de La Bretonne
445.**Juventude** – Joseph Conrad
446.**Contos** – Eça de Queiroz
447.**Janela para a morte** – Raymond Chandler
448.**Um amor de Swann** – Marcel Proust
449.**À paz perpétua** – Immanuel Kant
450.**A conquista do México** – Hernan Cortez
451.**Defeitos escolhidos e 2000** – Pablo Neruda
452.**O casamento do céu e do inferno** – William Blake
453.**A primeira viagem ao redor do mundo** – Antonio Pigafetta
454(14).**Uma sombra na janela** – Simenon
455(15).**A noite da encruzilhada** – Simenon
456(16).**A velha senhora** – Simenon
457.**Sartre** – Annie Cohen-Solal
458.**Discurso do método** – René Descartes
459.**Garfield em grande forma (1)** – Jim Davis
460.**Garfield está de dieta** (2) – Jim Davis
461.**O livro das feras** – Patricia Highsmith
462.**Viajante solitário** – Jack Kerouac
463.**Auto da barca do inferno** – Gil Vicente
464.**O livro vermelho dos pensamentos de Millôr** – Millôr Fernandes
465.**O livro dos abraços** – Eduardo Galeano
466.**Voltaremos!** – José Antonio Pinheiro Machado
467.**Rango** – Edgar Vasques
468(8).**Dieta mediterrânea** – Dr. Fernando Lucchese e José Antonio Pinheiro Machado
469.**Radicci 5** – Iotti
470.**Pequenos pássaros** – Anaïs Nin
471.**Guia prático do Português correto – vol.3** – Cláudio Moreno
472.**Atire no pianista** – David Goodis
473.**Antologia Poética** – García Lorca
474.**Alexandre e César** – Plutarco
475.**Uma espiã na casa do amor** – Anaïs Nin
476.**A gorda do Tiki Bar** – Dalton Trevisan
477.**Garfield um gato de peso (3)** – Jim Davis
478.**Canibais** – David Coimbra
479.**A arte de escrever** – Arthur Schopenhauer

480.**Pinóquio** – Carlo Collodi
481.**Misto-quente** – Bukowski
482.**A lua na sarjeta** – David Goodis
483.**O melhor do Recruta Zero (1)** – Mort Walker
484.**Aline: TPM – tensão pré-monstrual (2)** – Adão Iturrusgarai
485.**Sermões do Padre Antonio Vieira**
486.**Garfield numa boa (4)** – Jim Davis
487.**Mensagem** – Fernando Pessoa
488.**Vendeta** *seguido de* **A paz conjugal** – Balzac
489.**Poemas de Alberto Caeiro** – Fernando Pessoa
490.**Ferragus** – Honoré de Balzac
491.**A duquesa de Langeais** – Honoré de Balzac
492.**A menina dos olhos de ouro** – Honoré de Balzac
493.**O lírio do vale** – Honoré de Balzac
494(17).**A barcaça da morte** – Simenon
495(18).**As testemunhas rebeldes** – Simenon
496(19).**Um engano de Maigret** – Simenon
497(1).**A noite das bruxas** – Agatha Christie
498(2).**Um passe de mágica** – Agatha Christie
499(3).**Nêmesis** – Agatha Christie
500.**Esboço para uma teoria das emoções** – Sartre
501.**Renda básica de cidadania** – Eduardo Suplicy
502(1).**Pílulas para viver melhor** – Dr. Lucchese
503(2).**Pílulas para prolongar a juventude** – Dr. Lucchese
504(3).**Desembarcando o diabetes** – Dr. Lucchese
505(4).**Desembarcando o sedentarismo** – Dr. Fernando Lucchese e Cláudio Castro
506(5).**Desembarcando a hipertensão** – Dr. Lucchese
507(6).**Desembarcando o colesterol** – Dr. Fernando Lucchese e Fernanda Lucchese
508.**Estudos de mulher** – Balzac
509.**O terceiro tira** – Flann O'Brien
510.**100 receitas de aves e ovos** – J. A. P. Machado
511.**Garfield em toneladas de diversão** (5) – Jim Davis
512.**Trem-bala** – Martha Medeiros
513.**Os cães ladram** – Truman Capote
514.**O Kama Sutra de Vatsyayana**
515.**O crime do Padre Amaro** – Eça de Queiroz
516.**Odes de Ricardo Reis** – Fernando Pessoa
517.**O inverno da nossa desesperanca** – Steinbeck
518.**Piratas do Tietê (1)** – Laerte
519.**Rê Bordosa: do começo ao fim** – Angeli
520.**O Harlem é escuro** – Chester Himes
521.**Café-da-manhã dos campeões** – Kurt Vonnegut
522.**Eugénie Grandet** – Balzac
523.**O último magnata** – F. Scott Fitzgerald
524.**Carol** – Patricia Highsmith
525.**100 receitas de patisseria** – Sílvio Lancellotti
526.**O fator humano** – Graham Greene
527.**Tristessa** – Jack Kerouac
528.**O diamante do tamanho do Ritz** – F. Scott Fitzgerald
529.**As melhores histórias de Sherlock Holmes** – Arthur Conan Doyle
530.**Cartas a um jovem poeta** – Rilke
531(20).**Memórias de Maigret** – Simenon
532(4).**O misterioso sr. Quin** – Agatha Christie
533.**Os analectos** – Confúcio
534(21).**Maigret e os homens de bem** – Simenon
535(22).**O medo de Maigret** – Simenon
536.**Ascensão e queda de César Birotteau** – Balzac
537.**Sexta-feira negra** – David Goodis
538.**Ora bolas – O humor de Mario Quintana** – Juarez Fonseca
539.**Longe daqui aqui mesmo** – Antonio Bivar
540(5).**É fácil matar** – Agatha Christie
541.**O pai Goriot** – Balzac
542.**Brasil, um país do futuro** – Stefan Zweig
543.**O processo** – Kafka
544.**O melhor de Hagar 4** – Dik Browne
545(6).**Por que não pediram a Evans?** – Agatha Christie
546.**Fanny Hill** – John Cleland
547.**O gato por dentro** – William S. Burroughs
548.**Sobre a brevidade da vida** – Sêneca
549.**Geraldão (1)** – Glauco
550.**Piratas do Tietê (2)** – Laerte
551.**Pagando o pato** – Ciça
552.**Garfield de bom humor (6)** – Jim Davis
553.**Conhece o Mário?** vol.1 – Santiago
554.**Radical 6** – Iotti
555.**Os subterrâneos** – Jack Kerouac
556(1).**Balzac** – François Taillandier
557(2).**Modigliani** – Christian Parisot
558(3).**Kafka** – Gérard-Georges Lemaire
559(4).**Júlio César** – Joël Schmidt
560.**Receitas da família** – J. A. Pinheiro Machado
561.**Boas maneiras à mesa** – Celia Ribeiro
562(9).**Filhos sadios, pais felizes** – R. Pagnoncelli
563(10).**Fatos & mitos** – Dr. Fernando Lucchese
564.**Ménage à trois** – Paula Taitelbaum
565.**Mulheres!** – David Coimbra
566.**Poemas de Álvaro de Campos** – Fernando Pessoa
567.**Medo e outras histórias** – Stefan Zweig
568.**Snoopy e sua turma (1)** – Schulz
569.**Piadas para sempre (1)** – Visconde da Casa Verde
570.**O alvo móvel** – Ross Macdonald
571.**O melhor do Recruta Zero (2)** – Mort Walker
572.**Um sonho americano** – Norman Mailer
573.**Os broncos também amam** – Angeli
574.**Crônica de um amor louco** – Bukowski
575(5).**Freud** – René Major e Chantal Talagrand
576(6).**Picasso** – Gilles Plazy
577(7).**Gandhi** – Christine Jordis
578.**A tumba** – H. P. Lovecraft
579.**O príncipe e o mendigo** – Mark Twain
580.**Garfield, um charme de gato (7)** – Jim Davis
581.**Ilusões perdidas** – Balzac
582.**Esplendores e misérias das cortesãs** – Balzac
583.**Walter Ego** – Angeli
584.**Striptiras (1)** – Laerte
585.**Fagundes: um puxa-saco de mão cheia** – Laerte
586.**Depois do último trem** – Josué Guimarães
587.**Ricardo III** – Shakespeare
588.**Dona Anja** – Josué Guimarães
589.**24 horas na vida de uma mulher** – Stefan Zweig
590.**O terceiro homem** – Graham Greene
591.**Mulher no escuro** – Dashiell Hammett

592.**No que acredito** – Bertrand Russell
593.**Odisséia (1): Telemaquia** – Homero
594.**O cavalo cego** – Josué Guimarães
595.**Henrique V** – Shakespeare
596.**Fabulário geral do delírio cotidiano** – Bukowski
597.**Tiros na noite 1: A mulher do bandido** – Dashiell Hammett
598.**Snoopy em Feliz Dia dos Namorados! (2)** – Schulz
599.**Mas não se matam cavalos?** – Horace McCoy
600.**Crime e castigo** – Dostoiévski
601(7).**Mistério no Caribe** – Agatha Christie
602.**Odisséia (2): Regresso** – Homero
603.**Piadas para sempre (2)** – Visconde da Casa Verde
604.**À sombra do vulcão** – Malcolm Lowry
605(8).**Kerouac** – Yves Buin
606.**E agora são cinzas** – Angeli
607.**As mil e uma noites** – Paulo Caruso
608.**Um assassino entre nós** – Ruth Rendell
609.**Crack-up** – F. Scott Fitzgerald
610.**Do amor** – Stendhal
611.**Cartas do Yage** – William Burroughs e Allen Ginsberg
612.**Striptiras (2)** – Laerte
613.**Henry & June** – Anaïs Nin
614.**A piscina mortal** – Ross Macdonald
615.**Geraldão (2)** – Glauco
616.**Tempo de delicadeza** – A. R. de Sant'Anna
617.**Tiros na noite 2: Medo de tiro** – Dashiell Hammett
618.**Snoopy em Assim é a vida, Charlie Brown! (3)** – Schulz
619.**1954 – Um tiro no coração** – Hélio Silva
620.**Sobre a inspiração poética (Íon)** e ... – Platão
621.**Garfield e seus amigos (8)** – Jim Davis
622.**Odisséia (3): Ítaca** – Homero
623.**A louca matança** – Chester Himes
624.**Factótum** – Bukowski
625.**Guerra e Paz: volume 1** – Tolstói
626.**Guerra e Paz: volume 2** – Tolstói
627.**Guerra e Paz: volume 3** – Tolstói
628.**Guerra e Paz: volume 4** – Tolstói
629(9).**Shakespeare** – Claude Mourthé
630.**Bem está o que bem acaba** – Shakespeare
631.**O contrato social** – Rousseau
632.**Geração Beat** – Jack Kerouac
633.**Snoopy: É Natal! (4)** – Charles Schulz
634(8).**Testemunha da acusação** – Agatha Christie
635.**Um elefante no caos** – Millôr Fernandes
636.**Guia de leitura (100 autores que você precisa ler)** – Organização de Léa Masina
637.**Pistoleiros também mandam flores** – David Coimbra
638.**O prazer das palavras** – vol. 1 – Cláudio Moreno
639.**O prazer das palavras** – vol. 2 – Cláudio Moreno
640.**Novíssimo testamento: com Deus e o diabo, a dupla da criação** – Iotti
641.**Literatura Brasileira: modos de usar** – Luís Augusto Fischer
642.**Dicionário de Porto-Alegrês** – Luís A. Fischer
643.**Clô Dias & Noites** – Sérgio Jockymann
644.**Memorial de Isla Negra** – Pablo Neruda
645.**Um homem extraordinário e outras histórias** – Tchékhov
646.**Ana sem terra** – Alcy Cheuiche
647.**Adultérios** – Woody Allen
648.**Para sempre ou nunca mais** – R. Chandler
649.**Nosso homem em Havana** – Graham Greene
650.**Dicionário Caldas Aulete de Bolso**
651.**Snoopy: Posso fazer uma pergunta, professora? (5)** – Charles Schulz
652(10).**Luís XVI** – Bernard Vincent
653.**O mercador de Veneza** – Shakespeare
654.**Cancioneiro** – Fernando Pessoa
655.**Non-Stop** – Martha Medeiros
656.**Carpinteiros, levantem bem alto a cumeeira & Seymour, uma apresentação** – J.D.Salinger
657.**Ensaios céticos** – Bertrand Russell
658.**O melhor de Hagar 5** – Dik e Chris Browne
659.**Primeiro amor** – Ivan Turguêniev
660.**A trégua** – Mario Benedetti
661.**Um parque de diversões da cabeça** – Lawrence Ferlinghetti
662.**Aprendendo a viver** – Sêneca
663.**Garfield, um gato em apuros (9)** – Jim Davis
664.**Dilbert 1** – Scott Adams
665.**Dicionário de dificuldades** – Domingos Paschoal Cegalla
666.**A imaginação** – Jean-Paul Sartre
667.**O ladrão e os cães** – Naguib Mahfuz
668.**Gramática do português contemporâneo** – Celso Cunha
669.**A volta do parafuso** *seguido de* **Daisy Miller** – Henry James
670.**Notas do subsolo** – Dostoiévski
671.**Abobrinhas da Brasilônia** – Glauco
672.**Geraldão (3)** – Glauco
673.**Piadas para sempre (3)** – Visconde da Casa Verde
674.**Duas viagens ao Brasil** – Hans Staden
675.**Bandeira de bolso** – Manuel Bandeira
676.**A arte da guerra** – Maquiavel
677.**Além do bem e do mal** – Nietzsche
678.**O coronel Chabert** *seguido de* **A mulher abandonada** – Balzac
679.**O sorriso de marfim** – Ross Macdonald
680.**100 receitas de pescados** – Sílvio Lancellotti
681.**O juiz e seu carrasco** – Friedrich Dürrenmatt
682.**Noites brancas** – Dostoiévski
683.**Quadras ao gosto popular** – Fernando Pessoa
684.**Romanceiro da Inconfidência** – Cecília Meireles
685.**Kaos** – Millôr Fernandes
686.**A pele de onagro** – Balzac
687.**As ligações perigosas** – Choderlos de Laclos
688.**Dicionário de matemática** – Luiz Fernandes Cardoso
689.**Os Lusíadas** – Luís Vaz de Camões
690(11).**Átila** – Éric Deschodt
691.**Um jeito tranqüilo de matar** – Chester Himes
692.**A felicidade conjugal** *seguido de* **O diabo** – Tolstói
693.**Viagem de um naturalista ao redor do mundo** – vol. 1 – Charles Darwin

694. **Viagem de um naturalista ao redor do mundo** – vol. 2 – Charles Darwin
695. **Memórias da casa dos mortos** – Dostoiévski
696. **A Celestina** – Fernando de Rojas
697. **Snoopy: Como você é azarado, Charlie Brown! (6)** – Charles Schulz
698. **Dez (quase) amores** – Claudia Tajes
699(9). **Poirot sempre espera** – Agatha Christie
700. **Cecília de bolso** – Cecília Meireles
701. **Apologia de Sócrates** *precedido de* **Êutifron** e *seguido de* **Críton** – Platão
702. **Wood & Stock** – Angeli
703. **Striptiras (3)** – Laerte
704. **Discurso sobre a origem e os fundamentos da desigualdade entre os homens** – Rousseau
705. **Os duelistas** – Joseph Conrad
706. **Dilbert (2)** – Scott Adams
707. **Viver e escrever** (vol. 1) – Edla van Steen
708. **Viver e escrever** (vol. 2) – Edla van Steen
709. **Viver e escrever** (vol. 3) – Edla van Steen
710(10). **A teia da aranha** – Agatha Christie
711. **O banquete** – Platão
712. **Os belos e malditos** – F. Scott Fitzgerald
713. **Libelo contra a arte moderna** – Salvador Dalí
714. **Akropolis** – Valerio Massimo Manfredi
715. **Devoradores de mortos** – Michael Crichton
716. **Sob o sol da Toscana** – Frances Mayes
717. **Batom na cueca** – Nani
718. **Vida dura** – Claudia Tajes
719. **Carne trêmula** – Ruth Rendell
720. **Cris, a fera** – David Coimbra
721. **O anticristo** – Nietzsche
722. **Como um romance** – Daniel Pennac
723. **Emboscada no Forte Bragg** – Tom Wolfe
724. **Assédio sexual** – Michael Crichton
725. **O espírito do Zen** – Alan W. Watts
726. **Um bonde chamado desejo** – Tennessee Williams
727. **Como gostais** *seguido de* **Conto de inverno** – Shakespeare
728. **Tratado sobre a tolerância** – Voltaire
729. **Snoopy: Doces ou travessuras? (7)** – Charles Schulz
730. **Cardápios do Anonymus Gourmet** – J.A. Pinheiro Machado
731. **100 receitas com lata** – J.A. Pinheiro Machado
732. **Conhece o Mário?** vol.2 – Santiago
733. **Dilbert (3)** – Scott Adams
734. **História de um louco amor** *seguido de* **Passado amor** – Horacio Quiroga
735(11). **Sexo: muito prazer** – Laura Meyer da Silva
736(12). **Para entender o adolescente** – Dr. Ronald Pagnoncelli
737(13). **Desembarcando a tristeza** – Dr. Fernando Lucchese
738. **Poirot e o mistério da arca espanhola & outras histórias** – Agatha Christie
739. **A última legião** – Valerio Massimo Manfredi
740. **As virgens suicidas** – Jeffrey Eugenides
741. **Sol nascente** – Michael Crichton
742. **Duzentos ladrões** – Dalton Trevisan
743. **Os devaneios do caminhante solitário** – Rousseau
744. **Garfield, o rei da preguiça (10)** – Jim Davis
745. **Os magnatas** – Charles R. Morris
746. **Pulp** – Charles Bukowski
747. **Enquanto agonizo** – William Faulkner
748. **Aline: viciada em sexo (3)** – Adão Iturrusgarai
749. **A dama do cachorrinho** – Anton Tchékhov
750. **Tito Andrônico** – Shakespeare
751. **Antologia poética** – Anna Akhmátova
752. **O melhor de Hagar 6** – Dik e Chris Browne
753(12). **Michelangelo** – Nadine Sautel
754. **Dilbert (4)** – Scott Adams
755. **O jardim das cerejeiras** *seguido de* **Tio Vânia** – Tchékhov
756. **Geração Beat** – Claudio Willer
757. **Santos Dumont** – Alcy Cheuiche
758. **Budismo** – Claude B. Levenson
759. **Cleópatra** – Christian-Georges Schwentzel
760. **Revolução Francesa** – Frédéric Bluche, Stéphane Rials e Jean Tulard
761. **A crise de 1929** – Bernard Gazier
762. **Sigmund Freud** – Edson Sousa e Paulo Endo
763. **Império Romano** – Patrick Le Roux
764. **Cruzadas** – Cécile Morrisson
765. **O mistério do Trem Azul** – Agatha Christie
766. **Os escrúpulos de Maigret** – Simenon
767. **Maigret se diverte** – Simenon
768. **Senso comum** – Thomas Paine
769. **O parque dos dinossauros** – Michael Crichton
770. **Trilogia da paixão** – Goethe
771. **A simples arte de matar** (vol.1) – R. Chandler
772. **A simples arte de matar** (vol.2) – R. Chandler
773. **Snoopy: No mundo da lua! (8)** – Charles Schulz
774. **Os Quatro Grandes** – Agatha Christie
775. **Um brinde de cianureto** – Agatha Christie
776. **Súplicas atendidas** – Truman Capote
777. **Ainda restam aveleiras** – Simenon
778. **Maigret e o ladrão preguiçoso** – Simenon
779. **A viúva imortal** – Millôr Fernandes
780. **Cabala** – Roland Goetschel
781. **Capitalismo** – Claude Jessua
782. **Mitologia grega** – Pierre Grimal
783. **Economia: 100 palavras-chave** – Jean-Paul Betbèze
784. **Marxismo** – Henri Lefebvre
785. **Punição para a inocência** – Agatha Christie
786. **A extravagância do morto** – Agatha Christie
787(13). **Cézanne** – Bernard Fauconnier
788. **A identidade Bourne** – Robert Ludlum
789. **Da tranquilidade da alma** – Sêneca
790. **Um artista da fome** *seguido de* **Na colônia penal e outras histórias** – Kafka
791. **Histórias de fantasmas** – Charles Dickens
792. **A louca de Maigret** – Simenon
793. **O amigo de infância de Maigret** – Simenon
794. **O revólver de Maigret** – Simenon
795. **A fuga do sr. Monde** – Simenon
796. **O Uraguai** – Basílio da Gama
797. **A mão misteriosa** – Agatha Christie
798. **Testemunha ocular do crime** – Agatha Christie
799. **Crepúsculo dos ídolos** – Friedrich Nietzsche
800. **Maigret e o negociante de vinhos** – Simemon
801. **Maigret e o mendigo** – Simenon
802. **O grande golpe** – Dashiell Hammett
803. **Humor barra pesada** – Nani

804.**Vinho** – Jean-François Gautier
805.**Egito Antigo** – Sophie Desplancques
806(14).**Baudelaire** – Jean-Baptiste Baronian
807.**Caminho da sabedoria, caminho da paz** – Dalai Lama e Felizitas von Schönborn
808.**Senhor e servo e outras histórias** – Tolstói
809.**Os cadernos de Malte Laurids Brigge** – Rilke
810.**Dilbert (5)** – Scott Adams
811.**Big Sur** – Jack Kerouac
812.**Seguindo a correnteza** – Agatha Christie
813.**O álibi** – Sandra Brown
814.**Montanha-russa** – Martha Medeiros
815.**Coisas da vida** – Martha Medeiros
816.**A cantada infalível** *seguido de* **A mulher do centroavante** – David Coimbra
817.**Maigret e os crimes do cais** – Simenon
818.**Sinal vermelho** – Simenon
819.**Snoopy: Pausa para a soneca (9)** – Charles Schulz
820.**De pernas pro ar** – Eduardo Galeano
821.**Tragédias gregas** – Pascal Thiercy
822.**Existencialismo** – Jacques Colette
823.**Nietzsche** – Jean Granier
824.**Amar ou depender?** – Walter Riso
825.**Darmapada: A doutrina budista em versos**
826.**J'Accuse...! – a verdade em marcha** – Zola
827.**Os crimes ABC** – Agatha Christie
828.**Um gato entre os pombos** – Agatha Christie
829.**Maigret e o sumiço do sr. Charles** – Simenon
830.**Maigret e a morte do jogador** – Simenon
831.**Dicionário de teatro** – Luiz Paulo Vasconcellos
832.**Cartas extraviadas** – Martha Medeiros
833.**A longa viagem de prazer** – J. J. Morosoli
834.**Receitas fáceis** – J. A. Pinheiro Machado
835.(14).**Mais fatos & mitos** – Dr. Fernando Lucchese
836.(15).**Boa viagem!** – Dr. Fernando Lucchese
837.**Aline: Finalmente nua!!!** (4) – Adão Iturrusgarai
838.**Mônica tem uma novidade!** – Mauricio de Sousa
839.**Cebolinha em apuros!** – Mauricio de Sousa
840.**Sócios no crime** – Agatha Christie
841.**Bocas do tempo** – Eduardo Galeano
842.**Orgulho e preconceito** – Jane Austen
843.**Impressionismo** – Dominique Lobstein
844.**Escrita chinesa** – Viviane Alleton
845.**Paris: uma história** – Yvan Combeau
846(15).**Van Gogh** – David Haziot
847.**Maigret e o corpo sem cabeça** – Simenon
848.**Portal do destino** – Agatha Christie
849.**O futuro de uma ilusão** – Freud
850.**O mal-estar na cultura** – Freud
851.**Maigret e o matador** – Simenon
852.**Maigret e o fantasma** – Simenon
853.**Um crime adormecido** – Agatha Christie
854.**Satori em Paris** – Jack Kerouac
855.**Medo e delírio em Las Vegas** – Hunter Thompson
856.**Um negócio fracassado e outros contos de humor** – Tchékhov
857.**Mônica está de férias!** – Mauricio de Sousa
858.**De quem é esse coelho?** – Mauricio de Sousa
859.**O burgomestre de Furnes** – Simenon
860.**O mistério Sittaford** – Agatha Christie
861.**Manhã transfigurada** – L. A. de Assis Brasil
862.**Alexandre, o Grande** – Pierre Briant
863.**Jesus** – Charles Perrot
864.**Islã** – Paul Balta
865.**Guerra da Secessão** – Farid Ameur
866.**Um rio que vem da Grécia** – Cláudio Moreno
867.**Maigret e os colegas americanos** – Simenon
868.**Assassinato na casa do pastor** – Agatha Christie
869.**Manual do líder** – Napoleão Bonaparte
870(16).**Billie Holiday** – Sylvia Fol
871.**Bidu arrasando!** – Mauricio de Sousa
872.**Desventuras em família** – Mauricio de Sousa
873.**Liberty Bar** – Simenon
874.**E no final a morte** – Agatha Christie
875.**Guia prático do Português correto – vol. 4** – Cláudio Moreno
876.**Dilbert (6)** – Scott Adams
877(17).**Leonardo da Vinci** – Sophie Chauveau
878.**Bella Toscana** – Frances Mayes
879.**A arte da ficção** – David Lodge
880.**Striptiras (4)** – Laerte
881.**Skrotinhos** – Angeli
882.**Depois do funeral** – Agatha Christie
883.**Radicci 7** – Iotti
884.**Walden** – H. D. Thoreau
885.**Lincoln** – Allen C. Guelzo
886.**Primeira Guerra Mundial** – Michael Howard
887.**A linha de sombra** – Joseph Conrad
888.**O amor é um cão dos diabos** – Bukowski
889.**Maigret sai em viagem** – Simenon
890.**Despertar: uma vida de Buda** – Jack Kerouac
891(18).**Albert Einstein** – Laurent Seksik
892.**Hell's Angels** – Hunter Thompson
893.**Ausência na primavera** – Agatha Christie
894.**Dilbert (7)** – Scott Adams
895.**Ao sul de lugar nenhum** – Bukowski
896.**Maquiavel** – Quentin Skinner
897.**Sócrates** – C.C.W. Taylor
898.**A casa do canal** – Simenon
899.**O Natal de Poirot** – Agatha Christie
900.**As veias abertas da América Latina** – Eduardo Galeano
901.**Snoopy: Sempre alerta! (10)** – Charles Schulz
902.**Chico Bento: Plantando confusão** – Mauricio de Sousa
903.**Penadinho: Quem é morto sempre aparece** – Mauricio de Sousa
904.**A vida sexual da mulher feia** – Claudia Tajes
905.**100 segredos de liquidificador** – José Antonio Pinheiro Machado
906.**Sexo muito prazer 2** – Laura Meyer da Silva
907.**Os nascimentos** – Eduardo Galeano
908.**As caras e as máscaras** – Eduardo Galeano
909.**O século do vento** – Eduardo Galeano
910.**Poirot perde uma cliente** – Agatha Christie
911.**Cérebro** – Michael O'Shea
912.**O escaravelho de ouro e outras histórias** – Edgar Allan Poe
913.**Piadas para sempre (4)** – Visconde da Casa Verde
914.**100 receitas de massas light** – Helena Tonetto
915(19).**Oscar Wilde** – Daniel Salvatore Schiffer
916.**Uma breve história do mundo** – H. G. Wells
917.**A Casa do Penhasco** – Agatha Christie
918.**Maigret e o finado sr. Gallet** – Simenon

919.**John M. Keynes** – Bernard Gazier
920(20).**Virginia Woolf** – Alexandra Lemasson
921.**Peter e Wendy** *seguido de* **Peter Pan em Kensington Gardens** – J. M. Barrie
922.**Aline: numas de colegial (5)** – Adão Iturrusgarai
923.**Uma dose mortal** – Agatha Christie
924.**Os trabalhos de Hércules** – Agatha Christie
925.**Maigret na escola** – Simenon
926.**Kant** – Roger Scruton
927.**A inocência do Padre Brown** – G.K. Chesterton
928.**Casa Velha** – Machado de Assis
929.**Marcas de nascença** – Nancy Huston
930.**Aulete de bolso**
931.**Hora Zero** – Agatha Christie
932.**Morte na Mesopotâmia** – Agatha Christie
933.**Um crime na Holanda** – Simenon
934.**Nem te conto, João** – Dalton Trevisan
935.**As aventuras de Huckleberry Finn** – Mark Twain
936(21).**Marilyn Monroe** – Anne Plantagenet
937.**China moderna** – Rana Mitter
938.**Dinossauros** – David Norman
939.**Louca por homem** – Claudia Tajes
940.**Amores de alto risco** – Walter Riso
941.**Jogo de damas** – David Coimbra
942.**Filha é filha** – Agatha Christie
943.**M ou N?** – Agatha Christie
944.**Maigret se defende** – Simenon
945.**Bidu: diversão em dobro!** – Mauricio de Sousa
946.**Fogo** – Anaïs Nin
947.**Rum: diário de um jornalista bêbado** – Hunter Thompson
948.**Persuasão** – Jane Austen
949.**Lágrimas na chuva** – Sergio Faraco
950.**Mulheres** – Bukowski
951.**Um pressentimento funesto** – Agatha Christie
952.**Cartas na mesa** – Agatha Christie
953.**Maigret em Vichy** – Simenon
954.**O lobo do mar** – Jack London
955.**Os gatos** – Patricia Highsmith
956(22).**Jesus** – Christiane Rancé
957.**História da medicina** – William Bynum
958.**O Morro dos Ventos Uivantes** – Emily Brontë
959.**A filosofia na era trágica dos gregos** – Nietzsche
960.**Os treze problemas** – Agatha Christie
961.**A massagista japonesa** – Moacyr Scliar
962.**A taberna dos dois tostões** – Simenon
963.**Humor do miserê** – Nani
964.**Todo o mundo tem dúvida, inclusive você** – Édison de Oliveira
965.**A dama do Bar Nevada** – Sergio Faraco
966.**O Smurf Repórter** – Peyo
967.**O Bebê Smurf** – Peyo
968.**Maigret e os flamengos** – Simenon
969.**O psicopata americano** – Bret Easton Ellis
970.**Ensaios de amor** – Alain de Botton
971.**O grande Gatsby** – F. Scott Fitzgerald
972.**Por que não sou cristão** – Bertrand Russell
973.**A Casa Torta** – Agatha Christie
974.**Encontro com a morte** – Agatha Christie
975(23).**Rimbaud** – Jean-Baptiste Baronian
976.**Cartas na rua** – Bukowski
977.**Memória** – Jonathan K. Foster
978.**A abadia de Northanger** – Jane Austen
979.**As pernas de Úrsula** – Claudia Tajes
980.**Retrato inacabado** – Agatha Christie
981.**Solanin (1)** – Inio Asano
982.**Solanin (2)** – Inio Asano
983.**Aventuras de menino** – Mitsuru Adachi
984(16).**Fatos & mitos sobre sua alimentação** – Dr. Fernando Lucchese
985.**Teoria quântica** – John Polkinghorne
986.**O eterno marido** – Fiódor Dostoiévski
987.**Um safado em Dublin** – J. P. Donleavy
988.**Mirinha** – Dalton Trevisan
989.**Akhenaton e Nefertiti** – Carmen Seganfredo e A. S. Franchini
990.**On the Road – o manuscrito original** – Jack Kerouac
991.**Relatividade** – Russell Stannard
992.**Abaixo de zero** – Bret Easton Ellis
993(24).**Andy Warhol** – Mériam Korichi
994.**Maigret** – Simenon
995.**Os últimos casos de Miss Marple** – Agatha Christie
996.**Nico Demo** – Mauricio de Sousa
997.**Maigret e a mulher do ladrão** – Simenon
998.**Rousseau** – Robert Wokler
999.**Noite sem fim** – Agatha Christie
1000.**Diários de Andy Warhol (1)** – Editado por Pat Hackett
1001.**Diários de Andy Warhol (2)** – Editado por Pat Hackett
1002.**Cartier-Bresson: o olhar do século** – Pierre Assouline
1003.**As melhores histórias da mitologia: vol. 1** – A.S. Franchini e Carmen Seganfredo
1004.**As melhores histórias da mitologia: vol. 2** – A.S. Franchini e Carmen Seganfredo
1005.**Assassinato no beco** – Agatha Christie
1006.**Convite para um homicídio** – Agatha Christie
1007.**Um fracasso de Maigret** – Simenon
1008.**História da vida** – Michael J. Benton
1009.**Jung** – Anthony Stevens
1010.**Arsène Lupin, ladrão de casaca** – Maurice Leblanc
1011.**Dublinenses** – James Joyce
1012.**120 tirinhas da Turma da Mônica** – Mauricio de Sousa
1013.**Antologia poética** – Fernando Pessoa
1014.**A aventura de um cliente ilustre** *seguido de* **O último adeus de Sherlock Holmes** – Sir Arthur Conan Doyle
1015.**Cenas de Nova York** – Jack Kerouac
1016.**A corista** – Anton Tchékhov
1017.**O diabo** – Leon Tolstói
1018.**Fábulas chinesas** – Sérgio Capparelli e Márcia Schmaltz
1019.**O gato do Brasil** – Sir Arthur Conan Doyle
1020.**Missa do Galo** – Machado de Assis
1021.**O mistério de Marie Rogêt** – Edgar Allan Poe
1022.**A mulher mais linda da cidade** – Bukowski
1023.**O retrato** – Nicolai Gogol
1024.**O conflito** – Agatha Christie
1025.**Os primeiros casos de Poirot** – Agatha Christie
1026.**Maigret e o cliente de sábado** – Simenon

1027(25).**Beethoven** – Bernard Fauconnier
1028.**Platão** – Julia Annas
1029.**Cleo e Daniel** – Roberto Freire
1030.**Til** – José de Alencar
1031.**Viagens na minha terra** – Almeida Garrett
1032.**Profissões para mulheres e outros artigos feministas** – Virginia Woolf
1033.**Mrs. Dalloway** – Virginia Woolf
1034.**O cão da morte** – Agatha Christie
1035.**Tragédia em três atos** – Agatha Christie
1036.**Maigret hesita** – Simenon
1037.**O fantasma da Ópera** – Gaston Leroux
1038.**Evolução** – Brian e Deborah Charlesworth
1039.**Medida por medida** – Shakespeare
1040.**Razão e sentimento** – Jane Austen
1041.**A obra-prima ignorada** ***seguido de*** **Um episódio durante o Terror** – Balzac
1042.**A fugitiva** – Anaïs Nin
1043.**As grandes histórias da mitologia greco-romana** – A. S. Franchini
1044.**O corno de si mesmo & outras historietas** – Marquês de Sade
1045.**Da felicidade** ***seguido de*** **Da vida retirada** – Sêneca
1046.**O horror em Red Hook e outras histórias** – H. P. Lovecraft
1047.**Noite em claro** – Martha Medeiros
1048.**Poemas clássicos chineses** – Li Bai, Du Fu e Wang Wei
1049.**A terceira moça** – Agatha Christie
1050.**Um destino ignorado** – Agatha Christie
1051(26).**Buda** – Sophie Royer
1052.**Guerra Fria** – Robert J. McMahon
1053.**Simons's Cat: as aventuras de um gato travesso e comilão – vol. 1** – Simon Tofield
1054.**Simons's Cat: as aventuras de um gato travesso e comilão – vol. 2** – Simon Tofield
1055.**Só as mulheres e as baratas sobreviverão** – Claudia Tajes
1056.**Maigret e o ministro** – Simenon
1057.**Pré-história** – Chris Gosden
1058.**Pintou sujeira!** – Mauricio de Sousa
1059.**Contos de Mamãe Gansa** – Charles Perrault
1060.**A interpretação dos sonhos: vol. 1** – Freud
1061.**A interpretação dos sonhos: vol. 2** – Freud
1062.**Frufru Rataplã Dolores** – Dalton Trevisan
1063.**As melhores histórias da mitologia egípcia** – Carmem Seganfredo e A.S. Franchini
1064.**Infância. Adolescência. Juventude** – Tolstói
1065.**As consolações da filosofia** – Alain de Botton
1066.**Diários de Jack Kerouac – 1947-1954**
1067.**Revolução Francesa – vol. 1** – Max Gallo
1068.**Revolução Francesa – vol. 2** – Max Gallo
1069.**O detetive Parker Pyne** – Agatha Christie
1070.**Memórias do esquecimento** – Flávio Tavares
1071.**Drogas** – Leslie Iversen
1072.**Manual de ecologia (vol.2)** – J. Lutzenberger
1073.**Como andar no labirinto** – Affonso Romano de Sant'Anna
1074.**A orquídea e o serial killer** – Juremir Machado da Silva
1075.**Amor nos tempos de fúria** – Lawrence Ferlinghetti
1076.**A aventura do pudim de Natal** – Agatha Christie
1077.**Maigret no Picratt's** – Simenon
1078.**Amores que matam** – Patricia Faur
1079.**Histórias de pescador** – Mauricio de Sousa
1080.**Pedaços de um caderno manchado de vinho** – Bukowski
1081.**A ferro e fogo: tempo de solidão (vol.1)** – Josué Guimarães
1082.**A ferro e fogo: tempo de guerra (vol.2)** – Josué Guimarães
1083.**Carta a meu juiz** – Simenon
1084(17).**Desembarcando o Alzheimer** – Dr. Fernando Lucchese e Dra. Ana Hartmann
1085.**A maldição do espelho** – Agatha Christie
1086.**Uma breve história da filosofia** – Nigel Warburton
1087.**Uma confidência de Maigret** – Simenon
1088.**Heróis da História** – Will Durant
1089.**Concerto campestre** – L. A. de Assis Brasil
1090.**Morte nas nuvens** – Agatha Christie
1091.**Maigret no tribunal** – Simenon
1092.**Aventura em Bagdá** – Agatha Christie
1093.**O cavalo amarelo** – Agatha Christie
1094.**O método de interpretação dos sonhos** – Freud
1095.**Sonetos de amor e desamor** – Vários
1096.**120 tirinhas do Dilbert** – Scott Adams
1097.**124 fábulas de Esopo**
1098.**O curioso caso de Benjamin Button** – F. Scott Fitzgerald
1099.**Piadas para sempre: uma antologia para morrer de rir** – Visconde da Casa Verde
1100.**Hamlet (Mangá)** – Shakespeare
1101.**A arte da guerra (Mangá)** – Sun Tzu
1102.**Maigret na pensão** – Simenon
1103.**Meu amigo Maigret** – Simenon
1104.**As melhores histórias da Bíblia (vol.1)** – A. S. Franchini e Carmen Seganfredo
1105.**As melhores histórias da Bíblia (vol.2)** – A. S. Franchini e Carmen Seganfredo
1106.**Psicologia das massas e análise do eu** – Freud
1107.**Guerra Civil Espanhola** – Helen Graham
1108.**A autoestrada do sul e outras histórias** – Julio Cortázar
1109.**O mistério dos sete relógios** – Agatha Christie
1110.**Peanuts: Ninguém gosta de mim... (amor)** – Charles Schulz
1111.**Cadê o bolo?** – Mauricio de Sousa
1112.**O filósofo ignorante** – Voltaire
1113.**Totem e tabu** – Freud
1114.**Filosofia pré-socrática** – Catherine Osborne
1115.**Desejo de status** – Alain de Botton
1116.**Maigret e o informante** – Simenon
1117.**Peanuts: 120 tirinhas** – Charles Schulz

IMPRESSÃO:

GRÁFICA EDITORA
Pallotti
IMAGEM DE QUALIDADE

Santa Maria - RS - Fone/Fax: (55) 3220.4500
www.pallotti.com.br